열려라!
마법의 스토리텔링

1판 1쇄 펴낸날 2013년 8월 26일

지은이 조윤경
그린이 장성주
디자인 김민경
기획 서정 Agency (www.seojeongcg.com)

펴낸이 은보람
펴낸곳 도서출판 달과소
출판등록 2010년 6월 21일 제2010-000054호
주소 우)140-902 서울시 용산구 후암동 403-15
전화 02-752-1895 | **팩시밀리** 02-752-1896
전자우편 book@dalgwaso.com
홈페이지 www.dalgwaso.com

ISBN 978-89-91223-54-7 [73810]

＊이 책은 달과소가 저작권자와의 계약에 따라 발행한 것이므로 무단 전재와 무단 복제를 금합니다.
＊책값은 뒤표지에 적혀 있습니다.
＊잘못된 책은 구입하신 곳에서 바꾸어 드립니다.

```
국립중앙도서관 출판시도서목록(CIP)

열려라! 마법의 스토리텔링 / 지은이: 조윤경 ; 그린이:
장성주. -- 서울 : 달과소, 2013
    p. ;    cm

ISBN 978-89-91223-54-7 73810 : ₩10000

동화(이야기)[童話]
스토리 텔링[story telling]

813.8-KDC5                    CIP2013013068
```

재미있는 동화로 창조력을 키우는 스토리텔링 비법

열려라!
마법의 스토리텔링

조윤경 글 | 장성주 그림

달과소

• 머리말

우리 친구들에게

'나는 인기 있는 아이가 되고 싶어.'

　이렇게 생각하는 우리 친구들이 많지요. 당연한 일이랍니다. 어른들도 사랑받고 싶고 인기 있는 사람이 되고 싶어 해요. 만일 다른 친구들에게 내가 알리고자 하는 바를 생생하고 재미있게 전달한다면 금방 눈길을 끌 수 있을 거예요.
　이렇게 이야기를 다양한 방법으로 전달하는 게 바로 스토리텔링인데요. 우리 친구들이 좋아하는 만화와 게임도 스토리텔링이랍니다. 만화는 그림과 글로 이야기를 전달하고 있고요. 게임은 그 속에 캐릭터와 음악, 효과 등등으로 이야기를 전달하지요. 또 학교에서 배우는 공부도 스토리텔링과 관련이 있어요. 우리 친구들이 보고 즐기고 배우고 노는 것들이 다 스토리텔링을 담고 있지요.
　그러니 어렵거나 힘든 일이 아니에요. 내가 경험한 기뻤던 일도 슬펐던 일도 얼마든지 이야기로 만들어서 다른 사람에게 전달하거나 그림으로 그려서 전달할 수 있잖아요. 내 생활 속의 모든 일들이 다 재료가 될 수 있으니까요.

부끄러워하지 말고 나의 이야기를 다른 사람에게 전달해 보세요. 좋은 일이 일어날 거예요.

이 동화에 나오는 지은, 지혜, 환희, 수선은 모두 다 스토리텔링을 하는 능력이 다르지요? 이야기를 만들고 전달하는 능력은 다 다를 수밖에 없어요. 사람들이 다 생김새가 다르고 공부도 잘하는 사람이 있고 못하는 사람이 있는 것처럼 자연스러운 일이에요.

그런데 이 스토리텔링 능력은 계속 한 자리에만 머물러 있는 게 아니에요. 난 왜 이렇게 제대로 못하지 실망만 하지 마세요.

주위를 잘 둘러보고 열심히 그림도 그려 보세요. 책도 많이 보고 생각도 많이 해 보세요. 많이 써보고 친구와 수다 떨듯 자꾸자꾸 이야기를 해 보세요. 거울을 보고서라도 뭔가 이야기를 만들어 내고 자꾸만 해 보세요. 그러면 이렇게 말하게 되는 날이 올 거예요.

"어, 내가 이렇게 관심을 받았나?"

어느 틈에 변화된 모습을 확인할 수 있을 거예요.

"이야, 신난다. 나도 이제 인기인."

이렇게 으쓱거릴 날이 오는 거랍니다. 그러니 서두르지 말고 꾸준히 노력해 보세요. 한 걸음 한 걸음씩!

학부모님께

    스토리텔링은 전 세계 모든 문화권에서 기본적인 교육지침으로 사용되고 있는데요. 아이들에게 이야기를 그림으로 그려보게 하거나 책을 읽고 떠오르는 이미지를 설명해 보게 하는 것도 다 스토리텔링입니다. 또한 수학이나 과학도 이론이나 개념, 역사적 배경에 대한 설명이 포함되고 흥미로운 이야기와 풍부한 실제생활에서의 사례가 합쳐지는 것도 스토리텔링입니다. 공식이나 문제 중심이 아니라 스토리텔링이 들어가면 공부가 훨씬 더 즐겁게 느껴지지요.

    스토리텔링을 잘 하는 아이들은 학습효과도 뛰어나고 자기 자신에 대해서도 놀랄 만큼 제대로 표현하고 묘사하는 힘을 가지고 있습니다. 정말 사랑스럽지요. 모든 아이들이 다 이렇게 자기 안에 숨어 있는 스토리를 찾아내고 제대로 표현하면 좋겠지만 그렇지 않은 경우도 있지요. 아이들마다 약간은 부족한 부분이 있고 넘치는 부분이 있고 다 다르기 때문입니다. 또 성장하는 동안 부족한 부분이 채워지는 시기가 조금씩 다르기 마련이지요. 이 아이는 다른 아이들보다 좀 빨라서 주목도 받고 온통 관심과 사랑을 받는 반면, 또 다른 아이는 도대체 언제쯤 철이 들게 되지 하고 걱정을 하게 됩니다.

    이 책에 나오는 지은, 지혜, 환희, 수선이도 각각 뛰어난 부분이 있고 부족한 부분도 있는데요. 그래서 갈등도 일어나고 충돌하고 때때로 고민도 하게 됩니다. 그런데도 갈등을 극복하고 스토리텔링의 힘을 얻어 한층 더 성장하게 되지요. 모든 아이들이 동화 속에 나오는 주인공들처럼 원하는 바를 얻을 수 있다면 얼마나 좋을까요.

저는 오랫동안 아이들을 가르치고 글을 쓰면서 몇 가지 소중한 경험을 얻었는데요. 쓸데없는 비판과 잔소리를 줄이고 아이들의 이야기에 귀를 기울이는 것입니다. 그렇게 하다 보면 소중한 보물 같은 아이들의 이야기를 들을 수 있게 되지요. 얼마나 아름답고 사랑스러운지. 그리고 이렇게 아이들의 이야기를 많이 듣다보니 제 자신에게 많은 도움이 되기도 합니다.

이렇게 이야기를 듣고 나누고 하는 것은 사람들이 다른 사람에 대해 관심과 호기심이 있기 때문인데요. 그래서 개개인도 자신만이 가진 독특하고 참신한 스토리를 찾아내려 하고, 분주한 많은 기업들도 스토리를 가진 상품이나 이미지 개발에 주력하고 있지요.

결국 자유분방하고 창조적인 사고방식이 환영 받고, 좋은 쪽으로 개선하려는 능동적인 사람이 주목을 받게 됩니다. 아이들의 세계에서도 단순히 교과서에 나오는 모범답안처럼 틀에 짜인 생각과 이야기로는 다른 사람의 마음을 얻을 수 없습니다. 그리고 스토리를 가진 아이는 자기의 단점조차도 훌륭하게 극복하고는 합니다. 나날이 성장하는 아이들 모두가 이런 힘을 얻게 되기를 소망해 봅니다.

조윤경

차 례

신나는 스토리 파크 ······ 10

세상에서 제일 재미없는 바자회 ······ 22

돼지털 신문과 음치의 노래선물 ······ 30

외계인이 되고 싶지 않아! ······ 40

신기한 마법 도서관 ······ 50

요리도 척척 숙제도 척척 ······ 60

일기를 먹어버린 마법 앵무새 토토 ······ 70

우리 아빠는 연예인 ······ 80

마법 책과 깃털도둑 사건 ······ 88

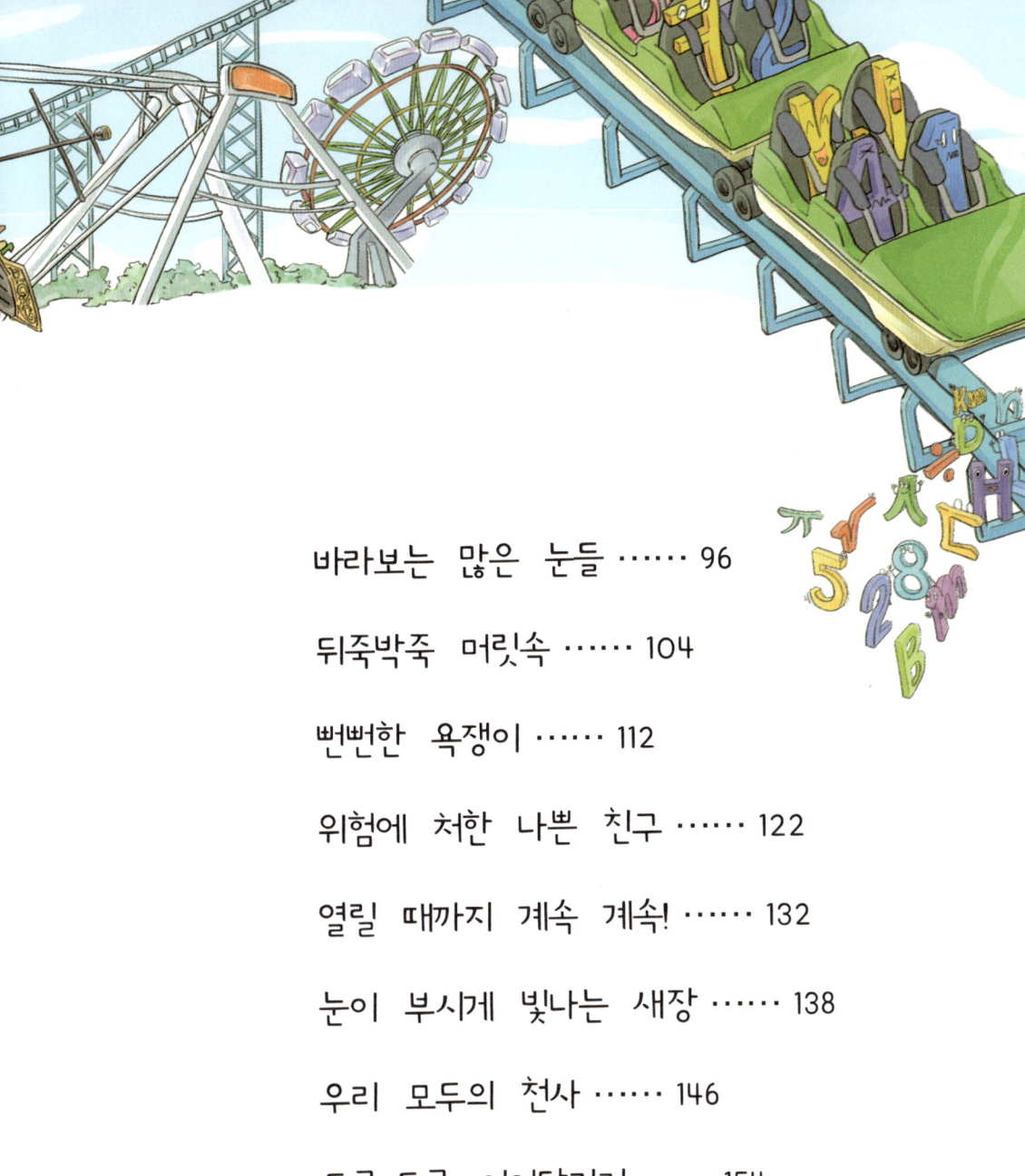

바라보는 많은 눈들 …… 96

뒤죽박죽 머릿속 …… 104

뻔뻔한 욕쟁이 …… 112

위험에 처한 나쁜 친구 …… 122

열릴 때까지 계속 계속! …… 132

눈이 부시게 빛나는 새장 …… 138

우리 모두의 천사 …… 146

두근 두근 이어달리기 …… 154

아주 특별한 나뭇잎 …… 162

신나는 스토리 파크

그날 지은이는 컴퓨터에 쏙 빠져 게임을 하고 있었다. 학교에서 내일 시험을 본다는 것도 잊고 있었다. 창문으로 앵무새 한 마리가 들어온 지도 모르고 있었다. 앵무새가 갑자기 날아들어 지은이 머리를 콕 쪼지 않았다면 지은이는 아무것도 모르고 계속 게임만 할 뻔했다.

"으악! 이게 뭐야."

지은이는 너무 놀라 소리를 지르고 의자와 함께 벌러덩 넘어지고 말았다. 앵무새는 아무 일도 아니라는 듯 날개깃을 가다듬고 있었다.

지은이는 게임도 내버려 둔 채 번개같이 몸을 일으켜 엄마, 아빠를 부르러 달려갔다.

"엄마, 아빠 내 방에 앵무새가 들어왔어."

"뭐라고? 앵무새라고?"

엄마와 아빠는 고개를 갸우뚱하면서도 지은이를 따라 방 안으로 들어왔다.

"진짜 앵무새잖아. 신기하다."

온 가족이 신기해하며 앵무새를 바라보았다. 앵무새가 갑자기 폴짝 날아올라 방 안을 한 바퀴 휘돌고는 지은이 어깨에 앉았다.

"와, 내가 마음에 들었나봐."

앵무새가 어깨에 앉아 지은이는 마음이 두근거렸다.

"어느 집에서 도망친 걸까? 이 깃털 좀 봐. 완전히 알록달록하고 예뻐."

지은이는 어깨에 앉은 앵무새가 날아가 버릴까 봐 조마조마하면서 작은 목소리로 소곤거렸다. 앵무새의 깃털 때문에 지은이 어깨에 마치 무지개가 뜬 것 같았다. 아빠와 엄마는 지은이 어깨에 앉은 앵무새를 뚫어져라 보고 있었다.

"말을 가르쳐 볼까?"

엄마가 이렇게 말하자 아빠가 큰소리로 천천히 이야기했다.

"안. 녕. 하. 세. 요?"

유치원생처럼 또박또박 말하는 아빠 목소리에 지은이는 웃음이 나왔다. 엄마도 따라 웃었다. 그때였다. 앵무새가 입을 열었다.

신나는 스토리 파크 11

"그래, 나는 매우 안녕해. 세상을 여행하느라 좀 힘들긴 하지만 괜찮아. 배가 좀 고프긴 한 거 빼고는 기분도 좋고."

엄마와 아빠 지은이는 모두 입을 딱 벌렸다. 사람의 말을 그대로 따라하는 게 아니라 앵무새는 자기 생각을 이야기하고 있었다. 앵무새는 건방진 눈빛으로 계속 이야기했다.

"모처럼 나 같은 신기한 앵무새를 봤으면 제대로 손님 대접을 해줘야 할 거 아냐. 이런 일은 자주 일어나는 게 아니거든."

한동안 얼이 빠져 가만히 있던 엄마가 정신을 차렸다.

"뭘 먹을 건데?"

"난 까다롭지 않은 마법 앵무새야. 너희들이 먹는 걸 같이 먹도록 할게."

마침 저녁 먹을 시간이었다. 앵무새는 아무런 거리낌 없이 식구라도 된 듯 식탁에 앉았다. 밥과 반찬을 아무렇지도 않게 콕콕 쪼아 먹었다. 지은이와 식구들은 이런 앵무새의 거침없는 행동을 신기한 듯 바라보고 있었다. 밥을 다 먹자 앵무새는 기운이 난 듯 집 안 여기저기를 날아다녔다.

"잠시 여기서 머물다 가도 괜찮겠군."

호기심이 가득한 눈으로 집안을 둘러보며 앵무새는 그렇게 말하고 있었다. 그날부터 앵무새는 지은이네 집에서 살게 되었다. 앵무새는 꽤 수다스러웠다. 지은이는 앵무새가 토토라는 이름도 가지고 있다는 것을 알게 되었다. 이름을 지어 주려던 지은이는 조금 실망하고 말았다.

그날도 지은이는 학교에서 돌아와 토토와 놀면서 시간을 보냈다. 토토는 세상을 끝없이 여행 중이라고 했다. 그래서 보다 많은 친구들을 만나는 게 꿈이라고 했다. 한동안 토토와 놀며 시간을 보내다가 게임이 하고 싶었다. 지은이는 얼른 컴퓨터를 켰다. 온몸이 무지갯빛 깃털로 감싸인 앵무새 토토가 다가와 지은이를 물끄러미 바라보았다. 지은이는 토토에게 신나게 게임을 설명하고 캐릭터도 보여 주었다. 엄마가 지은이 방을 들여다보며 잔소리를 했다.

"넌 공부도 안 하고 숙제도 없는 거니? 저번에 시험도 엉망이던데."

그제야 학교에서 내준 숙제가 생각났다. 오늘도 안 해 가면 정말 혼날 것 같았다.

지은이는 시무룩한 얼굴로 숙제를 하기 시작했다.

"진짜. 수학 숙제하기 싫어. 이거 다하고 과학 숙제도 해야 하는데."

지은이는 숙제가 하기 싫어 몸을 비비 꼬았다.

"뭐야? 너 수학이 싫은 거야?"

"수학이 제일 싫어. 과학도 싫고."

토토는 알 수 없다는 표정으로 지은이를 보더니 크게 헛기침을 하고 말했다.

"에헴, 내가 너를 도와줄게. 수학이 좋아서 못 견디게 해 주지. 아, 수학뿐만 아니라 공부가 얼마나 재미있는지 알게 해 주마."

토토는 힘껏 날갯짓을 했다. 빨, 주, 노, 초, 파, 남, 보! 무지갯빛으로 빛나는 토토의 날개 깃털들이 빠져나왔다. 토토는 크게 외쳤다.

"신비한 마법의 힘이여. 지은이에게 놀라운 걸 보여 주어라."

토토의 말이 떨어지기가 무섭게 날개 깃털들은 일제히 붕 날아올라 공중에 멈췄다.

"어마어마한 힘을 가진 마법의 깃털들이여. 지은이에게 스토리파크의 문을 열어주어라."

　　　　방 안이 온통 환하게 빛으로 둘러싸
였다. 너무 눈이 부셔서 지은이는 눈을 꼭 감았
다. 지은이 귀에 신나고 즐거운 음악소리가 들렸다.
지은이는 눈을 떴다.
　"우와아!!!!!!!"
　지은이는 깜짝 놀라 크게 소리를 질렀다. 좀 전까지만
해도 방 안이었는데 어느새 눈앞에 넓은 놀이공원이 펼쳐져
있었다.

"너 진짜 마법 앵무새구나."

지은이는 토토에게 이렇게 말했다. 스토리 파크의 하늘을 올려다보니 토토의 무지갯빛 깃털이 뱅뱅 맴을 돌고 있었다. 지은이는 얼른 놀이기구를 타려고 달렸다. 그런데 신기한 일이었다. 놀이공원 안에 사람이라고는 지은이뿐이었다. 대신 뱅글뱅글 돌아가는 대관람차 앞에도, 바이킹 앞에도 온통 숫자들이 줄을 서서 놀이기구를 타고 있었다. 지은이의 허리 정도 오는 크기의 숫자들은 신이 난 듯 경중경중 뛰며 놀이기구를 탔다. 숫자들 옆으로 한글 자음과 모음도 뛰어다니고 있었다.

"우와 신기하다."

지은이는 소리를 질렀다. 한글 자음과 모음도 지은이 허리 정도 오는 크기였다. 영어 알파벳도 놀이기구를 타려고 줄을 서고 있었다. +, −, = 같은 기호들도 지나다니고 있었고 길이의 단위를 나타내는 m와 km도 질서를 지키며 놀이기구 앞에 서있었다. 지은이는 잘못 봤나 싶어 눈을 비볐다. 아무리 눈을 비비며 봐도 똑같았다.

"대단하지?"

토토가 지은이 어깨에 앉으며 말했다. 지은이는 얼른 고개를 끄덕였다. 그리고 숫자들 틈에 끼어 신나게 놀이기구를 탔다. 이것저것 놀이기구를 타다가 지은이는 그만 숫자 0과 부딪혔다. 처음에는 알파벳 o 인줄 알았는데 조금 길쭉한 모양이 숫자 0 이었다.

"미안해."

지은이는 얼른 사과를 했다. 숫자 0은 괜찮다는 듯 통통 몸을 튕기다가 다른 놀이기구를 타러 가 버렸다. 다른 숫자들보다 통통하고 귀여운 모습에 지은이는 웃음이 나왔다.

"숫자 0 말이야. 옛날에 유럽 사람들은 무서워했어."

지은이가 놀이기구를 타는 동안 공원 하늘 위를 날아다니던 토토가 어느새 가까이 와서 이렇게 말했다.

"왜 어째서?"

"유럽 전설에는 악마가 인간에게 마법을 걸 때 그 사람 주위에 동그라미를 그린다고 했어. 숫자 0 이랑 비슷하잖아. 그래서 숫자 0 을 무서워했어. 저쪽으로 가 보자."

토토를 따라 지은이는 걸음을 옮겼다. 뾰족한 지붕이 솟은 높은 성 주위에 가자 토토보다 열 배는 커 보이는 인형 앵무새가 있었다.

"토토 너랑 비슷하게 생겼어."

지은이가 중얼거리자 토토는 웃었다. 토토가 **수학**이라고 말하자 인형 앵무새가 입을 벌렸다. 희미한 빛이 쏟아져 나오고 마치 영화처럼 화면이 나왔다. 숫자들이 탄생하게 된 유래, 수학자들과 얽힌 재미있는 이야기가 펼쳐졌다. 지은이는 눈을 깜박거렸다. 신기한 구경거리였다. 토토가 **미술**이라고 말하자 인형 앵무새는 유명한 미술 작품들을 보여주면서 그 작품의 배경이나 숨겨진 이야기도 들려주었다. 지은이는 눈을 반짝이며 화면을 보았다. 토토가 **과학**이라고 말하자 인형 앵무새는 여러 가지 별 자리를 보여주었고 그 별자리에 얽힌 이야기도 들려주었다. 지은이는 마법에 빠져들 듯 인형 앵무새의 입에서 퍼져 나오는 화면을 보고 있었다. 그때였다. 토토가 지은이의 머리를 톡톡 쪼았다.

"저길 봐. 벌써 시간이 꽤 지났어. 집에 가서 숙제해야지."

지은이는 하늘을 보았다. 하늘이 주홍빛으로 천천히 물들어 가고 있었다.

"하지만, 난 여기 스토리 파크에서 놀이기구 더 타고 싶은데. 그리고 인형 앵무새가 보여주는 것도 더 구경하고 싶은데."

토토가 한숨을 쉬었다.

"그럼 너무 늦어지잖아! 숙제는 언제 할 거야? 다음에 또 오게 해 줄게."

지은이는 고개를 끄덕였다.

"마법의 깃털이여 우리를 집으로 돌아가게 하여라."

토토의 말이 끝나자 놀이공원에 떠있던 무지갯빛 깃털들이 노을이 지는 하늘을 가로질러 날아왔다. 깃털들은 뱅글뱅글 맴을 돌며 눈부신 빛을 뿜어내었다. 지은이는 눈을 꼭 감았다. 눈을 뜨자 방 안이었다. 토토가 깃털들을 불러들이자 신기하게도 토토에게 깃털들이 다시 꽂혔다. 토토는 자랑이라도 하듯 에헴 하고 헛기침을 했다. 지은이는 신경질적으로 덮었던 수학책을 다시 폈다. 그리고 숙제를 하기 시작했다. 문제를 풀면서도 웃음이 났다. 스토리 파크에서 같이 놀이기구를 타던 숫자들이 생각이 났다. 특히 옛날 유럽 사람들이 무서워했던 숫자 0이 생각났다. 과학숙제를 할 때에도 마찬가지였다. 어렵다고만 느꼈는데 친근하게 느껴졌다.

지은이는 토토에게 고맙다고 인사를 했다.

"스토리 파크 진짜 재미있었어. 하기 싫다고만 생각하고 어렵다고 느껴졌던 숙제들도 하고 싶어졌고. 선생님께 숙제도 많이 안 해가고 시험도 못 본다고 공부 못 하는 거로 딱 찍혔는데 이미지 변신이다."

지은이는 숙제를 다 해 버리고 토토를 보고 싱긋 웃었다.

"그래? 재미있는 곳이지. 하지만 스토리 파크처럼 재미있는 곳만 있는 건 아니야. 무시무시한 곳도 있어."

"어디인데?"

토토는 아무 말도 하지 않았다.

"나중에 알려 줄게."

토토는 생각에 잠긴 눈빛을 하고 있었다.

스토리텔링 활용하기 **친구들 이렇게 해봐**

여러 가지 학습 분야에 관련된 스토리텔링

 수학을 싫어하는 친구들이 많지? 수학도 스토리텔링과 관련해서 생각하면 훨씬 재미있어. 자칫 스토리텔링=이야기란 생각에 수학과 스토리텔링이 관련 없다고 느끼기도 해. 하지만 수학의 역사적 배경과 의미, 생활 속의 예가 중심이 되어 풀어나가면 수학은 스토리텔링이 돼.
 먼저 숫자에 대한 이야기를 해볼까? 흔히 아라비아 숫자라고 우리가 알고 있는 숫자는 인도의 숫자야. 0 역시 인도에서 나타난 거야. 0은 첫째로, 12와 102를 구별할 수 있게 해줘. 여기서 0이라는 숫자의 위치는 자릿수를 의미해. 즉, '비어 있는 자리'를 나타내.
 둘째, 0은 그 자체로 고유한 수야. 1, 2가 고유한 숫자인 것처럼 말이야. 즉 '아무 것도 없음'을 나타내는 수야. 이렇게 스토리텔링을 통해 숫자를 친근하게 느낄 수 있고 수학에 관심을 가질 수 있어.
 과학도 마찬가지야! 과학을 좋아하는 친구들도 있지만 별로 관심 없는 친구들도 있지. 만일 우리가 신비한 우주에 대해 조사한다고 생각해보자. 수많은 행성에 대한 과학적인 사실을 외우거나 나누는 일은 지루하게 느껴질 수 있어. 하지만 별자리 신화를 알거나 별을 보고 길을 찾았던 옛날 사람들의 지혜로운 이야기를 떠올린다면 더 집중하게 되고 관심을 가지게 되지. 또 오래전에 지구에 살았던 공룡도 마찬가지야. 공룡이 살았던 시대와 습성을 나누고 단순히 외우는 게 아니라 공룡 화석을 직접 찾고 연구한 과학자 이야기를 알면 훨씬 재미있게 느낄 수 있어.

지루하게 공부하지 않는 스토리텔링

첫째, 실제 생활과 어떻게 관련되어 있는지 찾아보자.
 실제생활과 학습과의 관계를 살펴보면 굉장히 재미있어. 공부를 하다보면 원기둥이란 것을 배울 거야. 그러면 주위에 원기둥 모양을 찾아보는 거야. 일상생활에서 흔히 눈에

띠는 두루마리 휴지를 찾으면 원기둥 모양이란 것을 알 수 있어. 그런데 두루마리 휴지는 가운데에 구멍이 뚫려 있잖아. 어! 이것도 원기둥이라고 할 수 있나? 궁금증과 호기심을 느끼게 되지. 또 같은 원기둥 모양이라도 가운데에 구멍이 뚫려 있으면 겉넓이를 구하는 게 틀리지 않을까? 조금 더 깊게 생각할 수 있어. 이렇게 실제생활 속에서 학습과 관련된 것을 자꾸만 찾아보는 습관은 중요해. 공식을 외우지 말고 실제생활 속 예와 이야기를 찾아보자. 그러면 더욱 재미를 느끼게 돼.

둘째, 역사적인 의미와 배경을 알아보고 학습에 관심을 기울이자.
지구가 스스로 돌고 있는 자전을 알아낸 것은 굉장히 놀라운 발견이야. 그전에 인도에서는 코끼리가 지구를 떠받치고 있다고 생각까지 했어. 그리스 신화에서는 하늘을 짊어진 거인 신 아틀라스가 나오기도 해. 과학적인 사실을 발견하면 이전까지의 생각을 모조리 뒤엎을 수 있어. 하지만 예전에는 이런 과학적인 사실을 발견해도 실제 인정받기가 힘들었어. 지구가 스스로 돌고 있다는 사실을 주장하기만 해도 종교재판을 받았어. 이렇게 발견한 의미와 배경을 안다면 훨씬 더 학습에 흥미를 가질 수 있고 집중하게 돼.

셋째, 수학자나 과학자, 역사학자 등의 삶을 통해 공부에 대한 태도를 알아보자.
공부는 하루아침에 뚝딱 이루어지는 게 아니라 꾸준한 노력으로 성과를 얻는 거야. 한 가지 연구결과를 얻으려고 여러 차례 실험을 하거나 탐구한 인물들을 살펴보면 공부에 대한 태도를 배울 수 있어.
수학자 오일러는 어려운 수학문제를 풀기위해 여러 날 몰두하고 한쪽 시력을 잃었지만 수학에 대한 열망과 꿈을 잃지 않았어. 고고학자 슐리만은 어릴 때 트로이에 대해 읽은 후 그 도시가 실제로 있다고 생각하고 끊임없이 연구하고 찾은 끝에 마침내 트로이 유적을 발굴했어. 뉴턴은 연구에 너무 몰두한 나머지 달걀을 삶으려다가 시계를 대신 넣은 일도 있어. 그만큼 일상생활에서도 공부를 놓지 않고 집중하고 꾸준히 탐구한 거야.

스토리텔링은 이렇게 단순히 이야기를 전달하는 데에 그치지 않고 수학, 과학 등 여러 학습 분야와 관련이 있어. 만약 공부가 싫고 딱딱하게 느껴지면 덜컥 포기하지 말고 이것과 얽힌 이야기는 없을까 찾고 생각해봐. 그러면 공부가 훨씬 재미있을 거야.

세상에서 제일 재미없는 바자회

'어라! 엄마가 가버린다.'

드디어 지은이가 기다리고 기다리던 알뜰 바자회 날. 두근거리는 가슴을 안고 엄마 옆에 섰다. 그런데 엄마가 떡볶이 판매를 돕는다고 가 버린 것이다.

나 혼자 어떻게 하라는 거야? 지은이는 발을 동동 구르며 어쩔 줄 몰라 했다. 지금은 지은이가 안 쓰게 된 장난감과 학용품들만 눈앞에 잔뜩 쌓여 있다. 이걸 어떻게 팔라는 거야? 지은이는 도망치고 싶었다. 이럴 때 마법 앵무새 토토라도 곁에 있었으면 하고 지은이는 생각했다. 토토는 지은이에게 바자회를 잘 하고 돌아오라고 아침에 파이팅 하고 큰 소리로 외쳐 주었다. 지은이는 토토의 힘찬 목소리를 기억했다.

'토토, 어떻게 해야 할까?'

어른들도 가까이 오고 또래 친구들도 다가왔다. 지은이에게 이것저것 묻기도 하고 물건을 만지작거리기도 했지만 금방 흥미를 잃고는 가버렸다. 엄마가 가버린 후 지은이는 아무것도 할 수가 없었다. 이래서는 영영 하나도 못 팔 것만 같았다. 기대를 많이 했는데 재미없는 바자회가 되어가고 있었다. 지은이는 크게 한숨을 쉬고 고개를 푹 숙였다. 그때였다.

"이건 뭐지?"

반에서 제일 공부도 잘하고 키가 큰 환희가 동생 손을 잡고 다가왔다. 환희는 지은이가 쓰던 곰 인형을 만지작거렸다. 지은이는 환희를 내내 보고만 있었다. 환희는 궁금한 듯 곰 인형을 만지며 늘 그렇듯 얼굴에 웃음이 가득했다.

'우와! 환희잖아. 진짜 멋있다. 동생도 데리고 왔네.'

지은이는 잠깐 몸이 굳는 듯했다. 지은이는 좋아하는 환희에게 잘 보이고 싶었다.

'어떻게 하지?'

환희가 친절한 목소리로 물었다.

"이건 네가 쓰던 곰 인형이야?"

지은이는 곰 인형에 대해 설명하려고 했다.

"이 이 이 이건 그 그 그 그냥 내가 옛날에 쓰 쓰던 곰 인형이야."

순간 지은이는 어디론가 숨고 싶었다. 이렇게 바보같이 이야기하다니! 게다가 말까지 더듬다니. 환희는 여전히 웃는 얼굴이었지만 지은이 이야기에 관심이 없어보였다. 환희 동생이 입을 삐죽거리더니 뭔

가 중얼거렸다. 그러자 환희는 얼른 동생을 끌고 옆자리로 가 버렸다. 옆자리에는 지혜가 역시 물건을 팔고 있었다. 지혜엄마는 어디 갔지? 지은이는 주위를 두리번거렸다.

'그렇군. 역시 우리 엄마 옆이군.'

건너편에는 엄마들이 떡볶이를 팔면서 즐거운 듯 웃고 계셨다. 잠시 엄마들을 살피는데 지혜 목소리가 또렷이 들려왔다.

"이건 내가 무척 아끼던 곰 인형 몽실이야. 일곱 살 때부터 계속 친구로 지내왔어. 하지만 같이 놀기엔 지금은 내가 너무 커버려서 몽실이랑 같이 놀아줄 새 친구가 필요하대."

환희가 입을 딱 벌리고 지혜 이야기에 귀를 기울이고 있었다. 환희 동생도 눈을 초롱초롱 빛내고 있었다.

"그동안 몽실이는 밤마다 내가 나쁜 꿈을 꾸지 않게 지켜주고 쓸쓸할 때 항상 곁에 있어 주었어."

지은이는 지혜의 곰 인형을 물끄러미 바라보았다. 지은이의 곰 인형보다 훨씬 낡고 털도 다 빠지고 볼품없는 곰 인형이었다. 하지만 지은이의 곰 인형보다 지혜의 곰 인형이 이상하게 좋아보였다. 마치 마법에 걸린 느낌이었다.

뭐야. 도대체 무슨 일이야! 왜 그런 생각이 드는지 지은이는 알 수가 없었다. 어째서 지혜의 곰 인형이 더 좋아 보이는 걸까? 지은이는 고개를 갸웃거렸다. 환희는 망설이지 않고 지혜의 곰 인형을 사더니 동생에게 안겨 주었다. 환희는 여전히 싱글싱글 웃으며 그 자리를 떠났다. 지은이는 다시 고개를 푹 숙였다. 지혜가 무척 부러웠다. 마음속으로만 생각하려고 했는데 그만 입 밖으로 생각이 새어 나오고 말았다.

"좋겠다. 진짜 진짜 부럽다."

"응? 뭐가 부러워?"

지혜가 물었다. 두꺼운 안경 속에는 동그랗고 까만 눈망울이 별처럼 빛나고 있었다.

"환희한테 곰 인형도 팔고 물건도 거의 다 팔았잖아."

지은이는 지혜의 물건들을 보면서 중얼거렸다. 조금 전까지만 해도 분명 가득 있던 물건들이 정말 거의 다 팔려나가고 없었다.

"그렇게 부러워할 것 없어. 간단한 방법만 알면 너도 할 수 있어."

지은이는 귀를 쫑긋 세우며 집중했다.

"물건들이 너에게 얼마나 소중하고 가치 있는 것인지 이야기를 들려주면 돼."

지혜는 마치 선생님처럼 친절하게 알려주었다.

"이야기를 들려주라고?"

지혜는 고개를 끄덕였다. 지은이는 뭔가 가슴에 쿵 하고 와 닿는 것이 있었다. 지은이는 아직도 팔리지 않은 자기의 많은 물건들을 내려다보았다.

"추억을 떠올려 봐."

지혜가 힘을 북돋아 주었다.

"아아, 그렇구나."

지은이는 곰 인형을 처음 만났을 때의 느낌을 기억해 내었다. 부드러운 털의 감촉, 까만 곰 인형의 빛나는 눈을 보았을 때의 느낌을 떠올렸다. 지은이는 이야기를 만들어 낼 수 있었다. 자신감이 차올랐다.

"좋았어. 나 자신이 엄청 생겼어."

지은이는 주먹을 불끈 쥐고 외쳤다. 지은이는 말도 더듬지 않았다. 바자회에 온 어른들에게도 또래 친구들에게도 이야기를 들려주었다. 지은이는 곰 인형과의 즐거운 추억을, 함께 놀았던 일들을 이야기했다. 아주 어렸을 때 곰 인형을 업고 산책을 나갔을 때의 일. 곰 인형을 앞에 놓고 마치 사람처럼 함께 소꿉놀이를 했던 일을 이야기했다. 더 이상 사람들은 지은이의 앞을 그냥 지나치지 않았다. 관심을 보였다. 지은이의 곰 인형도 지혜의 곰 인형처럼 특별하게 보였다. 결국 야구 모자를 눌러 쓴 개구쟁이 꼬마에게 곰 인형은 팔려 나갔다. 지은이는 행복한 얼굴로 곰 인형을 소중히 들고 가는 꼬마를 보았다. 지은이는 곰 인형과 꼬마가 자기처럼 재미있고 즐거운 추억을 만들었으면 좋겠다고 생각했다.

"고마워. 지혜야."

지은이는 신이 나서 방방 뛰고 싶은 기분이었다. 어느새 지은이의 물건들은 거의 다 팔려 버렸다. 지은이는 지혜의 손을 잡았다. 맞잡은 손은 따뜻했다. 건너편에서 엄마들이 이런 지혜와 지은이의 모습을 웃음을 머금고 지켜보고 있었다.

스토리텔링 활용하기 — 친구들 이렇게 해봐

지은이가 깨닫게 된 창조적 스토리텔링의 힘

알뜰 바자회에서 지혜와는 달리 지은이는 인기가 없었어. 그건 바로 지은이가 창조적인 스토리텔링을 몰랐기 때문이야. 스토리가 없는 민숭민숭한 지은이의 곰 인형은 무시를 당했지만 스토리를 가진 지혜의 곰 인형은 마치 특별한 존재처럼 여겨졌지. 바로 스토리텔링이 가진 힘이야. 지은이도 지혜의 도움을 받아 곰 인형에 얽힌 스토리를 전달하자 사람들이 관심을 보였잖아. 사람들은 딱딱하고 재미없는 것보다는 재미있고 감동적인 이야기에 관심을 보여. 수학이나 과학 등의 학습도 스토리텔링과 함께 하면 더욱 재미있는 것처럼 말이야.

창조적인 스토리텔링을 하려면 어떻게 해야 할까?

어떻게 이야기를 창조하고 전달하는지 몰라 두려워하지만 말고 자신감을 가지자.

"친구에게 관심을 받고 싶은데 어떻게 해야 할지 모르겠어요."

많은 친구들이 고민을 하는 거야.

"무슨 이야기를 해야 재미있어 하나요?"

고민은 계속 이어지지.

"선생님, 도대체 무슨 이야기를 하고 무엇을 써야 하나요?"

하얀 종이를 앞에 두고 오랜 시간 망설이는 일도 생겨. 걱정 뚝! 두려움을 버려. **떠오르는 기억과 느낌을 이야기하는 거야.** 스토리텔링의 가장 쉬운 방법 중 하나는 마음속에 떠오르는 기억을 이야기하는 거니까. '나는 그때 무엇을 했는데 어떤 기분이었어' 이것이 기본이야.

급식 시간에 카레가 나왔는데 굉장히 맛있었어.

바람이 불고 비가 많이 내려서 우산을 썼는데도 옷이 젖어 버렸어.
게임을 했는데 친구가 욕을 해서 화가 났어.

별거 아닌 것 같아 보이지만 이런 생활 속의 기억들이 스토리텔링의 힘을 키워주는 거야. **지혜의 곰 인형을 마법처럼 특별하게 만들어준 건 바로 곰 인형에 대한 기억들이지.** 하지만 사람들의 기억은 한계가 있어. 시간이 지나면 자꾸만 잊어버리게 되는 거야. 그래서 일기를 쓰거나 혹은 메모하는 습관이 필요해. 자신감이 지나친 바람에 자만하게 돼서 보고 듣고도 전혀 기록하지 않는다면 굉장한 손해를 보는 일이야. 귀찮더라도 기억들을 적는 습관을 가지자. 한두 줄 메모를 해 놓은 것이 스토리텔링을 할 때 큰 도움이 되는 거야.

또 나의 마음을 적절하게 표현하는 연습을 해 보자. 사람은 누구나 감정을 가지고 있어. 슬픔, 기쁨, 안타까움, 미움 등등 여러 가지 감정이 있어. 스토리텔링을 할 때는 이러한 감정을 제대로 표현하는 것이 중요해. 하나의 물건이나 동물을 보고도 사람들은 각각 다르게 느끼기도 해. 덩치가 커다란 개를 보고 너무 크고 무섭다고 느끼는 사람도 있고 귀엽다고 느끼는 사람도 있어.

내가 느낀 감정을 솔직하고 적절하게 표현하면 창조적인 스토리텔링에 한 걸음 다가가게 되는 거야. 그리고 이런 감정들은 나의 상태에 따라서 달라지기도 해. 내가 몸이 아프고 피곤하면 아무리 좋은 선물을 받더라도 기쁨을 느끼기 힘들어. 또 친구랑 싸워서 기분이 나쁜 상태라면 평소에 좋아하는 물건이 갑자기 싫어지기도 하고 눈에 들어오지도 않게 돼. 이러한 감정, 기억들을 적절히 표현하고 이야기를 이끌어낸다면 창조적인 스토리텔링을 할 수가 있단다.

돼지털 신문과 음치의 노래 선물

요새 지은이네 반에서는 스마트폰이 대유행이었다. 너도나도 스마트폰을 들고 다니고 카톡을 하고 게임을 한다고 난리였다. 지은이도 스마트폰에 빠져들어 엄마에게 꾸중을 듣는 일이 많았다.

"밥 먹을 때도 그걸 손에서 안 놓고, 엄마가 불러도 대답도 안 하고. 어쩌려구 그래?"

엄마는 혀를 끌끌 찼다. 토토도 지은이에게 주의를 주었다.

"어른들이 부르는데도 대답도 안하다니. 너무 예의가 없잖아."

지은이는 시무룩해서 대답했다.

"알아, 나도 알고 있어. 그런데 손에서 놓을 수가 없어."

지은이는 고민이 되었다. 하지만 스마트폰을 사용하는 시간은 줄지 않았다. 지혜와 카톡으로 수다를 떨고 게임을 하느라 바빴다. 그날도 지은이는 지혜와 카톡을 하다가 신이 나서 방방 뛰었다.

"무슨 일이야?"

토토가 궁금해 하며 물었다.

"지혜가 생일잔치에 오래. 환희도 온대."

지은이는 환희를 생각하며 싱글거렸다.

"그게 그렇게 기쁜 일이야?"

"당연하지. 며칠 전에는 생일 때문에 기분 나쁜 일이 있었는데 지금은 기분 완전 풀렸어."

"지금은 기분이 좋아졌다고? 그럼 며칠 전에 생긴 기분 나쁜 일은 뭔데?"

바로 수선이 때문이었다. 지은이는 수선이 때문에 기분이 팍 상했다. 지혜와 마찬가지로 수선이와 유치원 때부터 알고 지낸 사이였지만 요즈음에는 그리 친하게 지내지 않았다.

지은이는 그 일이 떠오르자 한숨을 푹푹 내쉬었다.

"도대체 무슨 일인데 그래?"

"같은 반에 수선이라는 애가 있는데 아주 아주 기분 나쁜 애야. 수선이는 수선이는……."

지은이는 주먹을 불끈 쥐었다.

"수선이 따위 수선이 따위!"

눈앞에 수선이가 있기라도 한 듯 허공을 향해 주먹질을 했다.

"워워, 지은아 참아."

토토가 지은이를 달랬다. 한참을 씩씩거리다가 지은이는 며칠 전에 있었던 일을 알려 주었다. 수선이가 생일이라고 환희를 초대할 때 마침 지은이와 지혜도 옆에 같이 있었다. 그때 지은이는 환희도 간다니까 따라가고 싶었다.

"우리도 가도 돼?"

지혜가 물었다. 수선이가 마지못해 고개를 끄덕였다. 그런데 수업이 끝나고 수선이가 지혜와 지은이 곁으로 오더니 딱딱한 얼굴로 생일 초대를 취소했다. 순간 지은이는 기분이 팍 상했다.

"환희 옆에서는 오라고 했다가 지혜랑 나랑 둘만 있을 때에는 오지 말라고 하고 완전 치사하잖아. 진짜 치사해. 뭐 이제는 상관없어. 지혜 생일잔치가 있으니까"

지은이는 기쁜 듯이 중얼거렸다.

"그나저나 무슨 선물을 주지?"

지은이는 지혜에게 주려고 머리띠를 샀다. 하지만 그것만 주기에는 어쩐지 특별하지 않은 것 같았다.

"뭔가 특별한 걸 만들어 주고 싶어!"

"그럼, 네가 직접 만화나 그림을 그려서 주지? 너 잘 그린다고 했잖아"

지은이는 고개를 저었다.

"그건 작년에도 줬다고!! 다른 게 필요해! 아주 특별한 거."

토토는 잠시 생각에 잠기더니 이렇게 말했다.

"그럼 노래를 만들어서 줘!"

쳇! 지은이는 투덜거렸다.

"노래를 만들어 본 적 없다고. 난 그리고 음치란 말이야."

"내가 도와줄게."

토토는 피아노로 날아갔다.

"자아, 머릿속에 떠오르는 대로 아무 건반이나 눌러봐."

지은이는 정말로 토토가 시키는 대로 아무 건반이나 막 눌렀다.

"레, 미, 솔, 레, 미, 솔 크크."

토토는 지은이가 두드리는 피아노 건반의 음계를 큰소리로 따라 말하며 크큭 웃었다. 지은이는 한참을 토토와 함께 피아노를 두드리며 노래를 만들었다.

"자아, 이걸 이제 오선지에 옮기자."

"난 하나도 기억이 안 나는 걸. 뭘 쳤는지도 모르겠어."

"내가 기억하니까 걱정하지 마. 지은아! 내가 없었다면 건반 하나씩 두드리고 악보에 적으면 되고. 뭐, 지금은 내가 전체를 기억하고 있으니 그럴 필요는 없지."

토토는 으쓱거렸다. 지은이는 토토가 불러주는 대로 오선지에 적었다.

"흠, 가사도 붙여볼까?"

토토가 오선지를 들여다보며 말했다.

"가사는 또 어떻게 붙이라는 거야?"

지은이는 답답한 마음이 들었다.

"분위기를 봐봐. 밝고 경쾌한 느낌의 곡이야. 가사도 즐거운 일을 써서 붙이면 되겠는데."

고민하는 지은이에게 토토가 충고해 주었다. 지은이는 음표 하나하나에 낱말 하나씩을 붙이기 시작했다. 가사를 다 쓰자 지은이는 한 손으로 피아노 건반을 두드리며 노래를 불렀다.

"물건 팔기 힘들었던 알뜰 바자회! 하지만 내 친구 지혜가 알려 주었지. 물건에 스토리를 붙여 봐! 오오오 고마운 친구. 지혜, 지혜!"

토토는 씰룩씰룩 나오려는 웃음을 참으며 말했다.

"좋았어! 짧지만 아주 괜찮은 노래야. 하지만 지은아, 너 진짜 음치구나."

토토는 드디어 참을 수 없다는 듯 킥킥거리며 웃기 시작했다. 지은이는 좀 창피해서 혀를 쏙 내밀었다. 하지만 자기가 노래를 만들었다는 게 신기해서 창피함을 금방 잊었다.

며칠 후 지혜의 생일잔치에서 신나게 놀고 온 지은이는 토토에게 생일에 있었던 일을 자세히 알려주었다.

"케이크도 먹었고 지혜에게 머리띠도 주고 내가 만든 노래 직접 불러 주었어. 지혜가 수선이도 초대했는데 오지 않았더라고. 나 같으면 수선이 따위는 초대도 하지 않았을 텐데."

지은이는 숨 가쁘게 말을 이었다.

"아, 그리고 초대받은 애들 중에서 학원 때문에 못 온 애들도 있었어. 지혜는 머리띠보다 내가 만든 노래 선물을 더 좋아했어! 처음엔 애들이 나보고 음치라고 했지만 모두들 신나게 웃는 분위기였고 내가 직접 만든 노래라니까 나보고 초천재래. 대성공이었어!"

지은이는 손가락으로 브이 자를 그리며 싱긋 웃었다.

"노래 만드는 거 도와줘서 고마워 토토. 그런데 토토?"

토토는 날개깃을 가다듬으며 지은이 이야기를 듣다가 번쩍 고개를 들었다.

"왜 불러? 지은아?"

"학원 때문에 생일잔치에 못 온 애들에게도 생일 이야기를 전달하고 싶은데 어떻게 해야 해?"

토토는 지은이의 얼굴을 빤히 바라보았다.

"있었던 일을 여러 사람에게 전달하는 건 신문이 제일 좋지."

토토는 고개를 끄덕였다.

"어린이 신문이나 학급신문 읽어 보았겠지? 지혜 생일잔치 있었던 일을 기사로 써서 친구들 보여주면 되잖아."

지은이는 무릎을 탁 쳤다.

"아, 그렇구나."

지은이는 컴퓨터에 앉아 지혜의 생일잔치에서 있었던 일을 쓰기 시작했다. 토토는 그런 모습을 보다가 한마디 툭 던졌다.

"뭐 글만 있어도 되지만 사진도 붙이면 더 좋은데. 사진 안 찍었어?"

"응, 스마트폰으로 찍었어."

순간 지은이는 당황했다.

"스마트폰을 지혜네 집에 두고 왔어."

토토는 크게 웃었다.

"정신이 없구나!"

지은이는 집 전화로 지혜에게 걸어 보았지만 받지 않았다.

"에이, 할 수 없네. 그냥 글만 인쇄해야지. 폰은 나중에 돌려받고."

지은이는 신문을 여러 장 인쇄했다.

"이렇게 종이로 된 신문이 있고 인터넷으로 기사를 올리는 디지털 신문이 있어. 너도 이거 종이로 인쇄 안하고 학급 홈페이지에 그냥 올리면 디지털 신문이야."

"응? 뭐라고 돼지털이라고?"

토토는 어이가 없어서 크게 웃고 말았다. 지은이는 토토가 웃든 말든 자기가 쓴 신문을 손에 꼭 쥐었다.

"수선이도 이거 보고 부러워할 거야. 정말 신나고 재미있었던 생일이었으니까."

스토리텔링 활용하기 **친구들 이렇게 해봐**

신문기사에서 스토리텔링 요소 찾기

신문기사는 제목, 기사, 사진 등에서 우리가 필요한 여러 가지 자료를 얻을 수가 있어. 신문기사를 스토리텔링에 활용하는 거야.

우선 첫째, 신문기사의 가치를 따져보자.
예를 들어 할머니 한 분이 평생 모은 돈을 좋은 일에 써달라고 기부를 한 기사를 읽었다고 해 보자. 이 기사를 읽고 많은 사람들이 우리가 사는 사회에 도움을 주고 싶다는 생각을 할 수 있잖아. 이것이 신문기사가 가진 가치야. 또 심각한 환경오염이나 전쟁에 관한 기사를 읽었다면 그런 무서운 일이 벌어지지 않도록 주의해야 한다는 생각을 할 수 있잖아. 이렇듯 신문기사는 단순히 소식을 전하는 것이 아니라 사람들의 생각을 변화시키는 가치를 가지고 있어.

둘째, 신문기사를 보고 내가 활용할 정보도 파악하고 전달하자.
우리 가정에 쓸모 있는 정보는 어떤 것이 있을까? 온 가족이 함께 나눌 수 있는 정보부터 파악해 보자. 가족이 함께 가 볼 수 있는 박물관, 문화 행사도 알려주는 거야. 그리고 전통 놀이 혹은 계절별 제철 음식 등을 소개한 기사를 찾아 알리는 쉬운 일부터 시작하자. 가족이 함께 정보를 나누면 이야깃거리도 많이 생기고 즐거운 시간을 보낼 수 있어. 또 신문기사의 짧은 만화에서도 정보를 얻고 활용해 보자. 등장인물은 왜 이런 말을 했을까? 나라면 어떻게 이야기했을까? 가족이나 친구들은 어떻게 생각하는지도 들어보고 내 생각과 비교하여 함께 토론해 보는 것도 좋아.

셋째, 신문 기사를 보고 새로운 이야기를 만들어 보자.

신문기사 중에는 실패를 한 사람과 성공한 사람의 이야기가 나와. 이 사람은 왜 실패를 했지? 궁금증을 가지고 새로운 이야기를 써 보는 것도 좋아. 도스토옙스키가 쓴 유명한 죄와 벌이란 소설이 있어. 이건 신문에 난 아주 짧은 기사에 살을 덧붙이고 상상력을 더해서 이야기로 만든 거야. 신문기사를 가지고 정보를 얻는 것뿐만 아니라 새로운 이야기를 만들어 볼 수도 있는 거야.

이야기를 만들고 전달해 주는 음악의 역할

우리는 오래전부터 음악과 함께 살아왔어. 음악도 이야기를 만들고 전달해 주는 역할을 해. 글뿐만 아니라 음악도 스토리텔링을 하는 거야.

지은이는 생일 선물로 노래를 만들어 줬잖아. 주로 노래 가사에 이야기가 붙어 있기도 하지만 가사가 없는 음악만으로도 이야기가 돼. 예를 들어 달빛의 느낌을 피아노로 친다고 생각해 보자. 만드는 사람에 따라서 달빛은 고요하고 아름다운 느낌으로 만들어질 수도 있어. 그럼 그 음악은 슬픈 이야기를 하는 거야. 하지만 달빛을 받으며 신나게 강강술래를 하며 겅중겅중 뛰어다닌다고 생각해 보자. 신나고 경쾌한 느낌으로 만들어지잖아. 그럼 그 음악은 즐거운 이야기를 하게 되는 거야. 이렇게 음악에서도 스토리텔링이 활용되니까 서툰 솜씨라도 이야기를 전달해 보자.

외계인이 되고 싶지 않아

지은이는 토토를 데리고 공원에 갔다. 기분 좋은 바람이 살랑살랑 불어오는 날이었다. 공원에는 양팔을 힘차게 흔들며 분주하게 운동을 하는 아주머니의 모습이 여럿 보였다. 그리고 멀리 친구들의 모습이 보였다. 지은이는 생긋 미소 지었다. 신기한 마법 앵무새 토토를 친구들에게도 보여주고 싶어서 공원으로 모이라고 했는데 모두들 벌써 다 나와 있었다. 지은이는 반갑게 손을 흔들며 가까이 다가갔다. 벌써부터 토토를 자랑할 생각에 가슴이 두근거렸다.

"왔구나? 이야. 앵무새잖아."

친구들은 토토를 보자마자 놀라는 눈치였다.

"우와 신기하다. 이 깃털 좀 봐."

환희도 지혜도 깜짝 놀랐다. 지은이의 어깨에 앉은 토토는 점잔을 빼며 친구들을 둘러보았다. 환희와 지혜는 더욱 토토 가까이 몰려와 감탄하였다.

"뭐야? 별거 아니잖아."

지은이는 이 목소리에 깜짝 놀랐다. 수선이었다.

'쳇, 자기 생일초대도 취소하고 지혜네 생일잔치도 안 오더니 여긴 왜 따라온 거야.'

지은이는 기분이 별로였다. 환희는 좋아했지만 수선이는 싫었다. 게다가 무지갯빛 깃털을 가진 토토를 별거 아니라니. 토토는 겉보기에도 무척 화려하고 눈길을 끄는 앵무새인데. 마법을 부리는 사실을 빼놓는다고 해도 말이다.

"이런 앵무새나 자랑하려고 하다니. 유치하게."

지은이는 한마디 쏘아붙이려고 하다가 간신히 참았다.

'토토가 얼마나 특별하고 신기한 앵무새인데.'

지은이는 속으로만 생각하였다. 환희는 토토를 자세히 보더니 말을 시켜 보려고 했다.

"이 앵무새 말 따라할 줄 알지?"

환희는 마치 아빠가 했던 것처럼 토토에게 말을 연습시키려고 하였다.

"자아, 따라해 봐. 안. 녕. 하. 세. 요?"

지은이는 웃음이 터져 나오려고 했다. 하지만 토토가 먼저 커다랗게 웃기 시작했다.

"크크크, 참 못 말린다. 또 인사야? 그래, 그래, 안녕해. 이렇게 지은이랑 같이 공원에 나오게 되어 기분도 좋고."

환희와 지혜는 돌처럼 몸이 굳어서 한동안 움직일 줄 몰랐다. 아까까지 토토를 별거 아닌 것처럼 취급하던 수선이도 깜짝 놀랐다.
"신기하다. 굉장히 똑똑한가 봐."
환희가 먼저 입을 열었다. 지혜도 눈을 둥그렇게 떴다. 하지만 수선이는 놀라는 것도 잠깐이었다. 곧 입을 삐죽이며 이렇게 말했다.

"뭐야? 외계에서라도 왔나? 괴물 앵무새 같으니."

지은이는 마음이 조마조마했다. 토토가 화를 낼 것 같았다. 하지만 토토는 별로 크게 화를 내지 않았다. 흥! 하고 큰소리를 내며 고개를 획 돌렸을 뿐이었다. 조금 삐친 것 같았다.

지혜와 환희는 토토에게 이야기도 시켜보고 계속 관심을 보였다. 수선이만 모른 척하고 있었다. 한동안 토토와 이야기를 하던 환희가 배드민턴을 치자고 하였다. 위를 둘러보니 공원에는 여기저기 운동을 하는 사람들이 많았다.

"나 숫자 맞춰서 배드민턴 채도 가지고 왔어. 여기 공."

환희는 배드민턴 공을 들고 높이 흔들어댔다. 꼭 서서 하자고 졸라대는 것 같았다. 싱글거리며 웃는 환희 얼굴을 보자 지은이도 얼른 공놀이를 하고 싶었다. 공원에 자리를 잡고 배드민턴을 시작했다. 환희와 지은이가 짝이 되고 지혜와 수선이가 짝이 되었다. 지은이는 싫어하는 수선이랑 짝이 될까봐 마음이 떨렸는데 잘된 일이었다.

'휴우, 다행이다. 수선이와 같은 편이 안 되고 좋아하는 환희와 같은 편이 되다니. 운이 좋은데. 럭키!'

지은이는 생긋 웃었다. 환희가 공을 높이 던져 올렸다. 이쪽저쪽 배드민턴공이 휙휙 날아 다녔다. 지은이는 공을 쫓아 이마에 땀이 송골송골 맺힐 정도로 열심히 뛰어다녔다. 토토는 커다란 나뭇가지에 앉아 그런 지은이와 친구들을 구경하고 있었다.

환희가 높이 날린 공을 지혜가 쫓아가다가 그만 쿵 하고 넘어지고 말았다. 얼마나 세게 넘어졌는지 보기만 해도 아픈 게 느껴지는 것 같앉다. 지은이는 깜짝 놀라 허둥대며 달려갔다. 지혜의 무릎에서는 피가 나오고 있었다.

"심하게 다쳤네. 아프겠다."

어느 틈에 날아왔는지 토토가 이렇게 말하고 있었다. 모두들 큰일 났다며 지혜의 걱정을 했다.

"아아, 뚱뚱하니까 몸이 둔한 거잖아. 넘어지기나 하고 이 둔탱아. 공부도 잘 못하잖아. 운동도 이렇게 잘 못해서야. 우리 아빠는 말이야 어렸을 때부터 운동도 잘하고 공부도 잘했어. 그래서 지금 돈도 많이 벌고 진짜 멋진 인생을 살고 계시거든. 몸도 식스팩에 근육질이라고. 늘 체육관에 다니시거든. 너같이 몸도 뚱뚱하고 눈도 나쁜 바보는 절대 성공 못 할 거야."

수선이는 거침없이 말을 내뱉고 있었다. 지은이는 수선이가 더욱 싫어졌다. 지은이가 더 이상 참을 수 없어서 입을 열려는데 토토가 가로채어 말을 했다.

"너, 이 상황에서는 그렇게 이야기하는 게 아니야. 위로가 되는 이야기를 해 주어야지. 너는 분위기에 어긋나는 이야기를 하고 있어. 상대방의 기분을 전혀 생각하지 않고 상처 주는 이야기는 하면 안 돼."

토토가 더 말을 하려는 찰나에 피가 나오는 무릎을 내려다보던 지혜가 입을 열었다.

"그래, 난 뚱뚱하고 공부도 못해. 눈도 나빠서 이렇게 두꺼운 안경도 쓰고 있어. 둔탱이, 안경잡이, 뚱보 이런 별명도 익숙해."

지혜는 잠시 말을 멈췄다. 크게 숨을 몰아쉬고는 다시 시작했다.

"하지만 나는 어떤 사람을 알고 있어. 친구들이 아무리 나를 놀려도 또 수선이 네가 나에게 아무리 나쁜 이야기를 해도 나는 그 사람을 생각하면 마음이 편해져."

"그게 도대체 누군데?"

수선이가 빈정거리면서 물었다.

"그 사람은 초등학교도 끝까지 마치지 못했어. 시골에서 아주 작은 구멍가게를 했어. 빚도 많아서 다 갚는 데 15년이나 걸렸어. 정치를 하려고 의원 선거에 나갔지만 떨어졌어. 연설을 잘 했지만 사람들은 처음에는 별로 관심이 없었어. 신문에서는 그 사람을 매일 욕했고 국민들도 이 사람을 싫어하는 사람이 많았어. 하지만 그 사람은 나중에 전 세계 사람들을 감동시켰어."

지혜는 잠시 말을 멈추었다. 환희도 지은이도 궁금해져서 누구지 하고 곰곰 생각해 보았다. 토토가 낮은 목소리로 잔잔하게 말을 했다.

"링컨 대통령이야. 흑인 노예를 해방시켰지."

토토가 무엇인가 생각에 잠긴 눈치였다. 지은이도 환희도 고개를 끄덕였다. 지혜의 이

야기는 뭔가 가슴을 울리는 것 같았다. 그렇게 고생만 하다가 대통령까지 되다니. 가슴이 뻥 뚫린 듯 시원하고 기분 좋은 이야기였다.

지혜의 말에 수선이는 더는 말하지 않고 다른 곳을 보며 딴청을 피웠다.

"지은이처럼 수선이 너랑은 유치원 때부터 알아왔고, 네가 종종 나쁜 말을 하기도 했지만 늘 나쁘지만은 않았는데. 내가 잘못 생각한 거니? 옛날에는 친절하기도 했잖아. 이런 비슷한 일이 있었을 때. 전혀 기억 안 나나 봐."

지혜는 힘없이 중얼거렸다. 지은이는 수선이가 환희처럼 친절한 적이 있었는지 곰곰 생각해 보았지만 잘 떠오르지 않았다.

'무슨 일이 있었지?'

수선이는 얼굴이 붉으락푸르락해져서 여전히 다른 곳을 보고 있었다. 지은이는 점점 화가 났다. 사과도 안 하고 지혜 말도 못들은 척하다니. 꿀밤이라도 먹여 주고 싶었다. 토토도 수선이 쪽을 보고 있었다. 수선이가 계속 아무 말도 안 하고 있자 토토는 어쩔 수 없다는 듯 입을 열었다. 토토는 무지갯빛 찬란한 날개깃을 가다듬으며 지혜를 칭찬하고 있었다.

"너는 정말 훌륭하구나. 상황과 분위기에 맞게 이야기하는 힘을 가지고 있어. 이렇게 어린데도 말이야. 대단해. 대단해."

지혜는 약간 부끄러워했다.

"그리고 너는."

토토는 다시 한 번 수선이 쪽을 보더니 고개를 저었다.

"나에게 외계에서 온 앵무새라고 하더니 너야말로 외계인 같다. 상황과 분위기에 맞지 않는 이야기를 한다면 그거야말로 외계인일걸."

수선이는 뭐라고 말하려는 듯 입을 달싹거렸지만 결국 아무 말도 하지 않았다. 냉랭한 기운이 수선이 쪽에서 감돌고 있었다. 토토는 갑자기 크게 웃었다.

"크크 나는 외계에서 오지는 않았지만 신비한 마법 앵무새야. 나중에 너희들에게 마법을 좀 보여줄게. 오늘은 다친 친구가 있으니 그만 집으로 돌아가자."

지혜와 환희는 마법 앵무새라는 말에 토토를 한 번 더 주의 깊게 바라보았다. 지은이는 환희와 좀 더 놀고 싶었지만 토토의 말에 발걸음을 옮겼다. 지은이는 친구들에게 손을 흔들었다. 토토는 휭 날아올라 지은이의 어깨에 앉았다. 토토는 뭐가 기분이 좋은지 지은이 어깨 위에서 계속 웃고 있었다.

"토토? 무척 기분이 좋은가 보네."

"지혜라고 했나? 정말 훌륭한 아이야. 대단해. 대단해."

지은이는 지혜가 바자회에서 자기에게 알려준 게 생각이 났다.

"아, 그렇지. 지혜는 참 대단해!"

지은이는 지혜가 바자회에서 한 이야기를 토토에게 전해 주었다. 이야기를 들은 토토는 신이 난 듯 날개를 퍼덕거렸다. 지은이는 귓가에서 퍼덕이는 토토의 날갯짓 소리를 들으며 씩씩하게 집으로 돌아오고 있었다. 마음속에는 수선이가 한 이야기보다 지혜가 한 이야기가 넘쳐흐르고 있었다.

스토리텔링 활용하기 — 친구들 이렇게 해봐

상황과 분위기에 맞는 스토리텔링

이야기에는 다 저마다 분위기가 있어. '이것은 꿈과 희망을 주는 이야기' 혹은 '이것은 감동적인 이야기'라고 정의 내릴 수 있는 분위기가 있는 거야. 어떤 분위기의 이야기인지 파악하고 어떤 상황에서 펼쳐 놓아야 하는지 생각해 보는 거야.

지혜는 스토리텔링을 하는 힘을 가진 친구야. 그래서 자신이 처한 상황에 딱 맞게 이야기를 펼쳐 놓았어. 듣는 친구들은 지혜의 이야기를 듣고 이렇게 이해를 하게 되지.

'아, 이 친구는 지금은 단점도 많지만 언젠가는 링컨처럼 훌륭한 사람으로 성장할지 몰라.' 예를 들어 지혜가 링컨의 이야기를 하지 않고 태어나면서부터 계속 역경이 없는 위인의 삶을 이야기했다면 분위기에 맞지 않는 이야기를 하게 되는 거야. 그럼 듣는 사람들은 모두 어리둥절하게 되겠지. 자기 자신의 일을 설명하기 위해 친구에게 스토리텔링을 하려고 한다면 이 점을 곰곰 생각해 보아야 할 거야.

첫째, 지금 내가 펼쳐 놓는 이야기가 내가 있는 장소에 어울리는가?

너는 지금 학급의 일을 의논하는 자리에 나와 있는데 계속 엉뚱하게 코미디 프로그램 보고 신나게 웃었던 이야기를 한다거나 그 의논 자리에 나와 있는 다른 친구의 험담을 한다면 전혀 어울리지 않게 돼. 중요한 일을 의논하는 자리라면 너의 주장을 확실하게 펼치고 논리적인 스토리텔링을 해야 해.

둘째, 내 이야기를 듣는 친구의 상황에 맞는 이야기인가?

그 친구의 기분을 상하게 하는 점은 없는지 따져 보아야 해. 친구가 시험을 못 봐서 지금 기분이 몹시 나쁜데 시험 잘 본 친구들의 이야기만 늘어놓거나 한다면 아무래도 어울리지 않겠지. 그럴 때에는 용기를 주는 스토리텔링을 해야 해. 다음 시험을 잘 볼 수 있게 자신감을 얻을 수 있는.

셋째, 적절한 예를 들어 이야기를 표현하자.
지혜가 자신의 단점을 극복한 링컨 대통령의 예를 들었듯이 스토리텔링을 더욱 효과적으로 하기 위해서는 적절한 예가 필요해. 실제 일어났던 일도 좋고 책을 읽었을 때 나왔던 이야기도 좋아. 우리보다 앞선 시대를 살았던 훌륭한 위인들의 이야기도 적절한 예가 될 수 있고 이웃집에 살면서 봉사활동을 열심히 하는 사람의 예도 들 수가 있어.

상황과 분위기 장소에 맞는 스토리텔링은 더욱 큰 힘을 발휘하게 돼. 아무리 이야기 자체가 좋고 교훈을 주는 내용이어도 상황과 분위기에 맞지 않는다면 듣는 친구들은 별로라고 생각을 하거든.

여러 명의 사람 앞에서 발표할 때의 스토리텔링

반 아이들 모두 앞에서 이야기를 한다면 어떻게 해야 할까?
반 아이들은 한두 명이 아니잖아. 이들 모두가 지금 느끼는 감정이 다르고 생각이 다른 거야. 그럴 때 이야기를 들려주려면 모두가 공감할 수 있는 이야기여야 해.

첫째, 모두가 한번쯤은 생각해 보았을 이야기를 펼쳐 놓는 게 좋아.
예를 들어 예절이나 효도 같은 이야기는 대부분 고개를 끄덕이며 공감할 수 있는 이야기지. 모두가 한 번쯤은 생각해 보았을 이야기이고. 그런 스토리텔링을 하면서 심청이의 예를 든다든가 우리나라가 동방예의지국이라는 이야기를 섞는다든가 하면 더욱 좋겠지.

둘째, 긍정적인 결론의 이야기들을 펼치는 게 좋아
여러 사람 앞에서 발표를 통해 스토리텔링을 할 때에는 긍정적인 이야기, 희망을 주는 이야기를 하는 게 좋아. 이야기를 펼쳐 놓다가 결국 아무런 희망도 없는 거야 라는 식의 결론은 곤란해. 예를 들어 '환경오염을 줄이자'라는 이야기를 펼쳐 놓으면서 '우리가 아무리 노력해도 지구는 오염되고 환경은 파괴될 거야'라고 절망적으로 이야기한다면 그 이야기에는 아무도 귀를 기울이지 않아. 사람들은 긍정적인 에너지가 넘치는 이야기를 좋아해.

신기한 마법 도서관

위잉 윙~

바람이 어마어마하게 불기 시작했다. 지은이는 마루에 배를 깔고 엎드려 있었다. 정말 심심한 날이었다. 지은이는 일어나서 기지개를 폈다.

"심심해. 엄청나게 심심하다."

지은이는 주위를 두리번거렸다. 토토는 마루에서 어름적거리며 걷고 있었다.

"토토, 못 들었어? 나 심심하다고."

"그래? 그럼 책을 읽어봐."

지은이는 마루에 놓인 책꽂이를 한번 훑어보았다.

"전부다 읽어본 책이야."

"한 번 더 읽어보는 게 어때? 몇 번씩 반복해서 읽어도 재미있을

걸."

"그렇긴 한데 오늘은 새로운 책을 읽고 싶어."

지은이는 밖을 내다보았다. 이제는 바람이 부는데다가 비까지 세차게 내리고 있었다.

"이래서야 책을 빌리러 도서관에 갈 수도 없어."

"그럼 텔레비전을 보든가 게임을 해. 지혜랑 카톡으로 수다를 떨든가!"

"지혜는 감기 걸렸어. 학교도 빠졌단 말이야. 아마 자고 있을걸. 게다가 엄마가 너무 폰만 잡고 있는 시간이 많다고 다음 주까지는 사용 금지야. 제대로 지키지 않으면 진짜 빼앗을 거라고 하셨어."

"흠 그렇군. 하긴 식사시간에도 끼고 있고 어른들이 불러도 대답도 안 하고 좀 그랬어. 지난번에 지혜네 집에 두고 왔다가 되찾은 후에는 좀 덜 사용하는 것 같긴 했지만."

지은이는 고개를 푹 숙였다.

"엄마가 게임도 너무 많이 한다고 하셨으니 컴퓨터를 켤 수도 없고 텔레비전도 너무 많이 본다고 했으니 지금 할 수 있는 거라곤 책을 읽는 일뿐이야."

"숙제를 하든가 공부를 해 봐. 공부도 스토리텔링을 생각하면서 하면 재미있잖아."

"숙제도 없고 공부할 기분도 아니라고. 토토야 재미있는 이야기라도 해 봐."

지은이가 졸랐다. 하지만 토토는 고개를 설레설레 흔들었다.

"내 이야기는 밤에 들어야 더 재미있는데. 이따가 자기 전에 해줄게."

"그럼 난 뭘 하지. 아! 스토리 파크 또 갈까?"

토토는 잠시 생각에 잠겼다.

"스토리 파크에 또 가도 되지만 오늘은 다른 데를 가보자. 새로운 책을 읽고 싶다고 했지? 내가 재미있게 해 줄게."

토토는 힘껏 날갯짓을 했다. 무지갯빛으로 빛나는 토토의 날개 깃털 중 빨간색, 주황색, 노란색 날개 깃털들이 빠져나왔다.

토토는 크게 외쳤다.

"신비한 마법의 힘이여. 지은이에게 놀라운 걸 보여 두어라."

토토의 말이 떨어지기가 무섭게 세 개의 날개 깃털들은 일제히 붕 날아올라 공중에 멈췄다.

"어마어마한 힘을 가진 마법의 깃털들이여. 지은이에게 마법 도서관의 문을 열어주어라."

빨강, 주황, 노랑의 날개 깃털들은 빙글빙글 돌기 시작했다. 깃털들이 돌자 알록 게 퍼져나갔다. 빛이 퍼지면서 동시에 지은이네 집 마루가 점점 넓어지기 시작했다. 마루에 놓인 물건들도 조그맣게 변하기 시작했다. 그리고 빛 속에서 점점 사라져갔다. 지은이는 너무 눈이 부셔서 잠시 눈을 감았다가 떴다. 눈을 뜬 지은이는 깜짝 놀랐다. 방금 전까지 분명 마루에 있었는데 지금은 주위엔 온통 책이 그득 둘러싸인 넓은 도서관이었다.

"우와, 엄청나다. 이게 웬일이야."

지은이는 신이 나서 폴짝폴짝 뛰었다. 토토는 그런 지은이의 모습을 웃으며 보았다.

"봐, 난 대단한 앵무새이지?"

지은이는 고개를 끄덕였다. 지은이는 얼른 책꽂이로 달려가 마음에 드는 책을 집으려고 했다. 하지만 까치발을 해 보아도 책이 너무 높은 곳에 있어 손이 닿지 않았다.

"아아, 어떻게 하지?"

지은이가 말을 하자 책꽂이의 책이 스르르 저 혼자 움직이더니 날개가 달린 듯 지은이에게로 곧장 날아왔다. 바로 지은이가 꺼내려고 했던 그 책이었다. 지은이가 깜짝 놀라 토토를 바라보았다.

"별로 놀랄 것도 없어. 여기는 마법도서관이니까. 책에 키가 안 닿아도 걱정할 거 없어."

지은이는 얼른 책을 읽으려고 의자에 앉으려고 했다. 그러자 지은이가 앉기 편하게 의자가 스르르 뒤로 저 혼자 움직였다. 움직이는 의자 덕에 편하게 앉을 수 있었다. 마치 공주님이 된 기분이었다.

"여기 진짜 편하고 좋다. 마음에 들어."

지은이는 도서관을 훑어보았다. 도서관에 천장과 한쪽 벽에는 커다란 유리창이 달려 있었다. 아까 지은이네 집 마루에서 보았을 때만 해도 밖에는 바람이 거세게 불고 비가 내리고 있었다. 하지만 지금 도서관 창밖으로 보이는 풍경은 밝은 햇살이 따사롭게 내려오는 평화로운 풍경이었다. 정말 신기한 일이었다.

토토는 지은이가 갖고 온 책을 잠깐 살펴보았다.

"재미있겠네. 책은 정말 좋아. 지금은 이야기를 들을 수 없는 사람들의 생각을 그들이 남기고 간 책을 통해서 알 수 있거든."

"이야기를 들을 수 없다니? 무슨 소리야?"

"그러니까 예를 들어 셰익스피어는 이미 오래전에 죽었잖아. 우리는 그 작가가 하고 싶었던 이야기를 듣는 일은 이제는 책을 통해서만 가능해. 셰익스피어가 지은 책을 보거나 그 책을 만화로 만든 것을 보면서 그 작가가 했던 생각들을 알 수가 있어."

"아항, 그런 소리구나."

지은이는 고개를 끄덕이며 책 속으로 빠져들었다. 토토도 옆에서 책을 읽기 시작했다. 책에 집중하는 시간은 무척 즐거웠다. 종이를 넘기는 소리만이 사락사락 들렸다. 꿈같은 시간이었다.

"어, 너무 오랫동안 책을 읽었나봐."

문득 지은이는 정신을 차렸다. 지은이는 옆에서 책에 빠져 있는 토토를 쿡 찔렀다. 그리고 유리창을 가리켰다. 밝은 햇살이 비치던 유리창에는 어느새 어둠이 내려와 있었다.

"그러네. 이제 그만 집으로 돌아갈까?"

지은이가 고개를 끄덕였다.

"나중에 다른 친구들도 꼭 이 마법도서관에 데리고 와 줘."

토토는 알겠다는 듯 휙 날아오르더니 큰 소리로 외쳤다.

"마법의 깃털이여 우리를 집으로 돌아가게 하여라."

그제야 지은이는 이제까지 도서관 한쪽 구석에서 빙글빙글 맴을 돌고 있던 세 개의 날개 깃털을 보았다. 깃털들은 토토의 말이 떨어지자 더욱 세차게 맴을 돌았다. 그리고 다시 눈부신 알록달록한 빛을 뿜어내었다. 점점 도서관 안이 좁아지기 시작했다. 지은이가 빛이 눈부셔 눈을 한 번 감았다가 뜨자 어느 틈에 마루였다. 마루에 놓인 소파도 텔레비전도 그대로였다. 지은이네 집이었다. 밖을 보자 어두웠지만 아직도 바람이 불고 비가 내리고 있었다.

"비가 아직도 내리네. 토토 너는 시간을 조정할 수는 없니? 옛날로 갔다가 하는 일 말이야. 타임머신처럼. 아니면 잠시 시간을 멈추었다가 하는 일."

지은이가 중얼거리듯 물었다. 토토는 고개를 저었다.

"그런 일은 할 수 없어. 어느 장소에서든 마법 도서관에 문을 열 수는 있지만. 옛날 사람들이 어떻게 살았는지 어떤 생각을 했는지는 책을 통해서 알 수 있으니까. 괜찮잖아?"

"그럼 만일에 내가 책을 쓰면 먼 미래에 사람들이 나에 대해서도 알게 될까?"

토토는 빙글빙글 돌고 있는 날개 깃털들을 불러들이며 대답했다.

"꼭 책이 아니어도 지금은 간단하게 폰으로 영상을 찍을 수도 있으니까 너에 대해 남길 수 있어. 네 이야기를 미래에 사람들이 알게 되면 네가 살았던 시대도 어느 정도 알 수 있어."

"그렇구나. 알겠어. 토토."

지은이는 토토의 머리를 쓰다듬어 주었다.

"앗! 너 책을 읽었으면 독후감 정도는 써. 스토리텔링에 도움이 된다고."

토토는 꼭 엄마같이 잔소리를 했다. 지은이는 그러겠다고 했다.

"착하군. 그럼 밤에 내가 어마어마한 재미난 이야기를 들려주마."

토토는 날아올라 지은이의 어깨에 앉으며 말했다. 지은이는 웃으며 고개를 끄덕였다.

스토리텔링 활용하기 — 친구들 이렇게 해봐

스토리텔링의 힘을 키워 주는 역할 독서

독서는 스토리텔링과 아주 가까운 관계가 있어.
지금은 세상을 떠나 만날 수 없는 작가들과도 책을 통해 생각을 공유할 수 있으니까. 그리고 책표지나 책 내용에 나오는 그림 등을 가지고 얼마든지 스토리텔링을 할 수 있기 때문이야.

독서를 통한 질문 던지기 몇 가지 방법의 예
- 이 책의 작가는 무슨 생각을 하였을까?
- 이 책의 표지를 보고 떠오르는 점은 뭐지?
- 등장인물이나 배경을 통해 무엇이 느껴지니?
- 이 책의 끝부분을 바꾸어 본다면 어떻게 해야 할까?

이외에도 질문은 더 많이 만들 수 있어. 이 책의 등장인물들과 실제로 만난다면 나는 어떤 이야기를 하고 싶을까? 이런 질문도 만들 수 있고 내가 이 책에 나오는 곳에 살고 있었다면 어떤 느낌을 받았을까? 이런 질문도 만들 수 있지.

독서를 통한 스토리텔링 방법

첫째, 책을 가지고 많은 질문을 만들어 보고 느낀 점을 정리해 보기
우선 먼저 생각을 정리해 보자. 차근차근 등장인물과 배경에 관련된 질문을 던져보고 책을 읽고 나서의 느낀 점을 써보는 것도 좋아.

둘째, 친구들과 토론을 해 보거나 스스로 말해 보기.
친구나 가족, 선생님과 함께 얼마든지 책을 가지고 질문도 해 보고 대답도 해 보는 거야.

또한 마땅히 토론이나 이야기를 나눌 친구가 없다면 자기 혼자 스스로에게 질문을 던져 보아도 좋아. 들어주는 사람이 없다고 해도 질문을 던지고 스스로 이야기를 하는 습관은 중요하니까.

셋째, 책의 내용을 다양한 방식으로 바꾸어 써 보기
책 한 권을 가지고 수많은 스토리텔링이 가능해. 그 책의 줄거리로 만화를 그려 보아도 좋고 그림으로 그려 보아도 좋아. 책의 내용을 가지고 시를 써 보아도 좋아. 대사를 넣은 연극을 만들어도 재미있겠지. 책에 나오는 주요등장 인물들을 뽑고 대사를 넣으면 연극을 만들 수가 있어.

이렇게 스토리텔링을 하려면 우선 자기 생각을 정리하는 게 좋겠지? 손쉽게 마인드맵을 그려봐. 그러면 생각을 정리하기가 훨씬 쉬우니까. 마인드맵도 여러 가지로 만들 수가 있어. 나뭇가지처럼 가지치기로 그려도 되고 뇌를 그리고 그 속에 생각이나 질문을 넣어도 돼. 하늘에 둥둥 떠가는 구름을 그려서 만들어도 되지. 독서 마인드맵은 상당히 재미있어. 여기 독서마인드맵 예시를 보고 다양하게 마인드맵을 만들어봐.

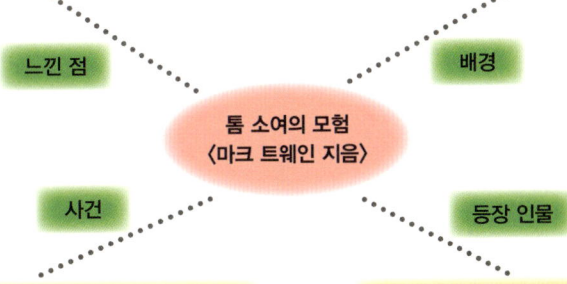

요리도 척척 숙제도 척척

지은이는 지혜와 환희를 집에 초대하였다. 토토가 친구들도 마법도서관과 스토리 파크에 데려가 준다고 했기 때문이었다. 친구들이 언제 올지 기다리며 지은이는 초조하게 시계를 자꾸만 들여다보았다.

띠로롱 띠로롱 신나는 음악벨소리가 울렸다. 지은이는 친구들을 맞으려고 신나게 뛰어나갔다. 그런데 문을 연 순간 초대하지 않은 친구가 서 있었다. 수선이었다.

'아, 뭐야? 부르지도 않았는데 오다니. 지난번 공원에서도 그러더니 습관인가. 진짜 못 말린다.'

지은이는 환희와 지혜 옆에 우두커니 서 있는 수선이가 못마땅했지만 그렇다고 집에 들어오지 말라고 할 수도 없었다. 수선이는 지은이 집에 아무렇지도 않게 들어왔다.

'눈치도 없고 뻔뻔하기까지 하네.'

　지은이는 싫은 표정이 되었지만 수선이는 눈치채지 못한 것 같았다. 유치원 때 일이 생각났다. 수선이는 그때도 장난을 많이 치는 친구였다. 지은이는 수선이와 보냈던 유치원 때 일을 자꾸 생각해 보았다. 많은 일이 있었는데 잘 생각이 안 나는 부분도 있었다. 지은이가 잠깐 생각에 잠긴 사이 토토가 친구들을 향해 인사를 했다.
　"토토는 스토리 파크에도 마법 도서관에도 데리고 가 줄 수 있어."
　지은이는 얼른 자랑했다. 그 말이 떨어지자마자 토토는 인심 좋게 친구들을 스토리 파크에 데려다 주었다. 친구들은 숫자들과 놀이기구도 타고 신나게 놀았다. 지혜가 너무 무서운 놀이기구는 타지 못해서 지은이는 안전한 것만 몇 개 골라 탔다. 그래도 즐거웠다. 또 인형 앵무새가 입을 벌려 보여주는 영상도 보았다. 한나절을 스토리 파크에서 놀다가 토토는 마법도서관에도 데려다 주었다. 늘 삐딱하게 굴던 수선이조차도 토토의 마법에 감탄하는 눈치였다. 친구들은 모두 마법 도서관에 자리를 잡고 앉아 책을 읽고 있었다. 한동안 책에 집중하던 지은이는 배가 고파졌다. 꼬르륵 꼬륵 뱃속이 요란했다. 생각해 보니 신이 나서 점심도 먹지 않았다. 친구들도 마찬가지였다.

"토토, 네가 마법으로 음식을 뚝딱 만들 수는 없니?"

토토는 고개를 저었다.

"그건 내가 할 수 없는 일이야."

시간을 조정하는 힘이 없는 것처럼 마법으로 요리를 만들 수는 없는 것 같았다.

"우리 집으로 돌아가자. 엄마가 오셨으면 맛있는 거 해 주실 거야."

토토는 다시 마법을 부렸다. 어느 틈에 지은이와 친구들은 모두 마루로 되돌아 와 있었다. 환희와 지혜가 신기한지 휘휘 마루를 둘러보았다. 그러나 지은이의 기대와는 달리 엄마는 아직 돌아오기 전이었다. 벌써 밖은 어두컴컴하고 저녁시간이 되어 있었다.

"이게 뭐야. 오늘 친구들 온다고 엄마에게 일찍 오라고 특별히 부탁까지 했는데."

지은이가 투덜거렸다.

"그거야 엄마가 모임 있다고 외출하는 날에 딱 맞춰서 친구들을 초대한 네 탓이잖아! 다른 날 초대했으면 됐잖아."

"몰라, 일찍 올 줄 알았단 말이야. 나도 배고프고 모두들 배가 고픈 눈치인데 어떻게 해. 토토 무슨 방법이 없어?"

지은이는 당황하였다. 토토는 지은이의 눈치를 살피며 이렇게 말했다.

"내가 마법으로 요리를 쉽게 만들 수는 없지만 재료가 있으면 어떻게 해 볼 수가 있어."

토토의 말에 지은이는 귀가 번쩍 뜨였다. 지은이는 친구들과 함께 부엌 이곳저곳을 열어 보았다. 냉장고에서는 계란을 찾았고 찬장에서는 밀가루를 찾을 수 있었다. 요리 재료를 찾기 위해 재빠르게 움직였다.

"이것밖에 없어. 이걸로 어떻게 될까?"

토토는 느긋하게 웃었다.

"뭐, 이거로도 어떻게 되겠지만 더 맛있게 만들려면 버터와 소금, 설탕을 찾아와 봐. 아, 그리고 물이 조금 필요해."

"알았어. 토토 기다려봐."

토토의 말에 지은이는 잽싸게 움직였다. 다행히 토토가 부탁한 재료들을 찾을 수 있었다. 토토는 재료들을 앞에 놓고 심각한 얼굴로 외쳤다.

"신비한 마법의 깃털이여, 이 배고픈 아이들에게 음식을 만들어 주어라."

어느 틈에 빠져나간 토토의 초록색 깃털이 힘을 발휘하기 시작했다. 깃털이 밝은 빛을 뿜어내고 힘차게 빙글빙글 돌자 신비한 일이 일어났다. 계란이 붕 떠서 저 혼자 깨지더니 밀가루, 물과 섞여 반죽이 만들어졌다. 소금통과 설탕통도 건드리지도 않았는데 혼자 공중에 솟구쳐 올라가 반죽에 섞여졌다. 친구들은 이 놀라운 광경을 가슴 졸이며 보고 있었다.

"진짜 대단하다. 짱이다."

환희가 이렇게 중얼거리는 것을 지은이는 들었다. 마음이 뿌듯했다. 깃털은 더욱더 밝은 빛을 뿜어냈다. 반죽이 동글동글 여러 차례 혼자 굴러다니더니 작은 눈덩이처럼 나뉘기 시작했다. 그 뒤에는 누가 문을 열지도 않았는데 오븐의 문이 스르륵 열리더니 작게 나눠진 반죽들은 그 안에 쏙쏙 들어가고 있었다. 차례차례 줄을 맞춰 장난감 병정처럼 씩씩하게 오븐 안에 자리를 잡았다.

"이제 기다리기만 하면 돼."

토토는 불이 환하게 켜진 오븐을 살펴보며 말했다. 토토 말대로 조금 기다리자 곧 맛있는 빵 냄새가 부엌 가득 퍼졌다.

"우와. 맛있는 냄새."

환희는 코를 킁킁거리며 기쁜 얼굴이 되었다.

'헤헤 다행이다.'

지은이는 마음이 놓여 식탁 의자에 앉았다. 친구들도 지은이를 따라 식탁 의자에 옹기종기 둘러앉았다.
　땡! 드디어 오븐이 빵이 다 구워졌다고 알려주었다. 이제 지은이와 친구들 앞에는 모락모락 김이 피어오르는 따끈하고 맛있는 빵이 놓였다. 지혜가 신이 난 듯 박수를 쳤고 환희가 큰소리로 말했다.
　"잘 먹겠습니다!"
　지은이는 따끈한 빵을 한 입 먹어 보았다. 달콤하고 부드러운 빵맛에 눈물이 날 것 같았다.
　"진짜 맛있다."
　저절로 감탄이 나왔다. 토토는 으쓱거리며 초록색 깃털을 다시 불러들였다.
　"뭐, 나는 그렇지 뭐. 마법 앵무새니까."

토토도 빵을 쪼아 먹기 시작했다.

"이건 정말 내 마법으로 완성된 거지만 대단하군."

친구들이 모두 웃음을 터뜨렸다. 조금은 건방진 구석이 있긴 하지만 토토 덕에 친구들을 초대한 일은 대성공이었다.

'다행이다. 엄마가 안 오셔서 걱정했는데.'

지은이는 이렇게 생각하며 다시 빵을 먹기 시작했다.

친구들을 초대한 일이 성공적으로 끝난 며칠 후의 일이었다. 그날은 온통 실수투성이였다. 학교에 준비물을 안 갖고 가서 친구에게 빌려야 했고 필통도 빼먹고 와서 수업시간에 필기를 못한 채 멍하니 넋 놓고 있었다. 지혜가 재빨리 눈치 채고 필기도구를 건네주지 않았다면 수업시간 내내 멍순이가 되었을 뻔했다.

"으악! 나 오늘 왜 이러지. 완전 실수투성이야."

집에 돌아와서도 지은이는 어수선하고 산만하기만 했다. 바로 숙제 때문이었다. 지은이는 마음을 못 잡고 며칠 전 본 밀가루 반죽처럼 떼구르르 굴러다녔다.

"난 못 해. 못 한다고."

지은이는 숙제를 도저히 할 수가 없을 것만 같았다. 토토는 굴러다니는 지은이를 어처구니없는 얼굴로 보았다.

"도대체 왜 그래? 설명 좀 해봐 봐."

그제야 지은이는 굴러다니는 걸 멈추고 토토에게 이야기했다.

"선생님이 숙제를 내주셨는데 난 이걸 절대 못 할 것 같아. 오늘은 내가 준비물을 안 갖고 가고 엉망이었어. 집중이 잘 안 되는 날이란 말이야. 그런데 이렇게 어려운 숙제라니. 나는 이걸 못 할 거라고. 절대. 절대."

"그렇다고 방 안을 굴러다니기만 하면 어떻게 해? 무슨 숙제인지 잘 설명해 봐. 얼마나 어려운 숙제 길래 그러는 거야? 얼른 말해봐. 내가 도와줄 테니."

"그게 말이야. 선생님이 아무거나 써 오라고 하셨어. 아. 무. 거. 나. 그게 문제라고. 제목을 내주지 않고 아. 무. 거. 나. 써 오라니 말이 돼?"

토토는 생각에 잠긴 눈치였다. 날개를 접어 팔짱을 낀 것 같은 자세로 오랫동안 생각하고 있었다. 꼭 연구를 하는 박사 같은 모습이었다.

"걱정할 것 없어. 내가 알려 줄게."

지은이는 토토에게 달려가 얼싸안았다.

"부탁해. 토토. 도와달라고."

"그러니까 넌 선생님이 글감 즉, 글의 소재를 안 주고 너에게 찾으라고 해서 고민이 되는 거야. 그렇지?"

지은이는 얼른 고개를 끄덕였다.

"그럼 찾으면 되잖아. 바보. 며칠 전에 요리할 때 너는 밀가루도 찾아냈고 계란도 가져왔잖아. 그거처럼 주변을 둘러보거나 머릿속을 뒤적여서 글감을 찾으면 되는 거야."

지은이는 아까 토토가 했듯이 팔짱을 끼고 생각을 정리하기 시작했다. 주위를 두리번거리기도 했다. 어떤 걸 쓸지 머리를 굴리기 시작했다. 턱을 괴고 한참 동안 머릿속을 더듬거리며 생각하고 또 생각했다. 그러자 어느 순간 '아하' 번개같이 생각이 떠올랐고 그 생각의 줄기를 잡을 수 있었다.

"생각났어?"

지은이는 떠오른 생각을 얼른 종이에 적기 시작했다. 토토가 궁금한 듯 옆으로 다가왔다.

"꽤 좋은데. 친구의 고마움이라."

"그래, 내가 준비물을 안 가지고 왔을 때 친구가 도와준 거. 필기를 못해서 멍 때리고 있을 때 나를 도와준 친구의 고마움이 소재 즉 글감이야."

"헤헤, 잘 생각했어. 이제 방 안을 굴러다니는 일은 없겠군, 아니다. 좀 더 굴러다니게 놔둘 걸 그랬어. 그러면 지은이 엄마는 청소할 필요도 없이 방 안이 깨끗해질 텐데."

토토의 말이 너무 웃겨서 지은이는 배를 잡고 깔깔거리며 다시 방 안을 구를 뻔했다. 겨우 정신을 차린 지은이는 토토에게 부탁했다.

"자자, 나는 숙제해야 하니까 너무 웃기지 말고 저쪽으로 가."

지은이는 숙제에 집중하였고 토토는 한가롭게 날개 깃털을 다듬었다. 평화롭고 차분한 기운이 가득 찬 오후의 풍경이었다.

스토리텔링 활용하기 — 친구들 이렇게 해봐

굴러다니는 생각을 잡아 보자

사람은 누구나 생각을 하잖아? 그 많은 생각 중에 이야기의 재료가 되는 글감을 찾아내야 해. 글감을 찾아내는 일을 어려워하고 고민하는 친구들이 많지? 하지만 글감을 찾는 일은 어렵지 않아.

눈에 보이지 않고 내 머릿속에 굴러다니는 생각부터 예를 들어 볼게. 만일 '나는 커서 경찰관이 될 거야'라는 생각을 했다면 나의 꿈이 곧 글감 즉, 소재가 되는 거야. 또 우리들이 생활하면서 눈에 보이는 모든 사물들이 곧 글감이 되기도 해. 매일 보는 우리 가족, 지나다니다 만나는 동식물, 작은 곤충 등에 이르기까지 모든 것을 글감으로 선택할 수 있어.

글감 = 소재

이렇게 글감, 소재를 찾아냈다면 이것을 잘 요리하여 스토리텔링을 하면 되는 거야. 재료를 잘 선택하여 요리를 하면 맛있는 음식이 완성되잖아. 이것처럼 생각을 많이 하고 자꾸만 생각의 줄기를 잡으려고 노력하면 소재 찾기는 어렵지 않아.

그리고 글을 쓰거나 스토리텔링을 하다 보면 중심생각도 자연스럽게 만들어져. 내 이야기를 듣는 사람이나 내 이야기를 읽어 보는 사람에게 전달하고 싶은 중요생각이 정리되는 거지. 이렇게 이야기의 중심생각이 곧 주제가 돼.

중심생각 = 주제

중심생각, 주제는 내가 만들어서 쓰기도 하지만 누군가가 주제를 내주면 거기에 맞춰서 쓸 수도 있어. '환경을 보호하자' 라든가 불조심을 하자 등등의 주제에 맞춰서 써야 할 때가 종종 있잖아. 친구들 중에는 소재와 주제가 정해져 있으면 떨지 않으면서 아. 무. 거. 나. 쓰라는 자유 주제나 자유 소재일 경우 겁을 먹는 경우가 많아.

이렇게 소재와 주제가 없더라도 절대 고민하지 마. 내 머릿속 생각을 살펴보고 주변을 둘러봐. 생각보다 많은 이야기 소재와 주제가 펼쳐져 있으니까.

일기를 먹어버린 마법 앵무새 토토

"토토, 넌 세상을 여행 중이라면서 왜 우리 집에 계속 있는 거야?"

토토는 지은이의 머리 꼭대기에 앉았다. 무지갯빛 깃털을 가다듬으며 토토는 대답했다.

"세상을 여행하는 것도 좋지만 세계 곳곳의 친구들을 사귀는 것을 좋아하거든. 슬슬 너랑 네 친구들이랑 친하게 지낼 수 있도록 이곳에 머물 거야. 그리고 어쩐지 너희 집은 재미있어 보이거든. 내 예감은 잘 들어맞는 편이라서."

"그렇구나. 네가 있고 싶은 만큼 있어도 돼."

어쩐지 지은이는 건방져 보이는 이 앵무새가 마음에 들었다. 넓은 세상을 여행하는 것도 모자라 이 세상 친구들을 만나려 하다니. 나이가 몇 살인지는 몰라도 무척 어른스러운 앵무새 같다는 생각이 들었다. 지은이는 앵무새를 머리에 얹은 채 일기를 쓰려고 공책을 펼쳤다.

토토는 지은이를 감시라도 하듯 머리 위에 내내 앉아 있었다.

"좀 가 줄래. 일기를 함부로 보는 건 실례거든."

"하지만 학교 선생님은 보잖아?"

"넌 선생님이 아니잖아."

지은이는 입을 삐죽 내밀었다. 토토는 커다랗게 웃더니 이렇게 말했다.

"난 이 세상이 만들어 진 때부터 살아온 마법 앵무새야. 너 같은 초보가 일기를 잘 쓸 수 있는지 좀 봐도 되지 않겠어?"

그렇게나 오래 살다니 앵무새가 아무리 오래 살아도 백 살 정도라고 들었는데. 정말 신기한 앵무새였다. 지은이는 앵무새가 살아온 기나긴 세월을 생각해보다가 일기를 쓰기 시작했다. 토토는 지은이를 열심히 바라보고 있었다.

"아니 뭐야. 이게."
토토가 큰 소리로 외쳤다.
"첫 시작 부터 '오늘 나는' 이라고. 이런 이런 정말 안 되겠네."

지은이의 일기 첫 시작은 이랬다.

> 3월 2일 일요일
> 오늘 나는 토토와 함께 놀았다. 토토와 같이 밥을 먹었고 이야기도 나누었다. 토토는 아주 아주 오래 살아온 앵무새인데 여행을 무척 좋아한다. 우리 집에 오기 전까지도 계속 여행 중이었다. 나도 토토처럼 언젠가 세상 곳곳을 여행해 볼 수 있을까?

토토는 머리를 흔들었다. 그리고 지은이의 책상 위로 내려오더니 일기장을 콕콕 쪼기 시작했다.
"야, 너 이게 무슨 짓이야?"
토토는 일기장에 쓰인 '오늘'과 '나는'이란 낱말을 정확히 쪼아서 먹어치웠다. 토토는 심술궂은 눈빛이었다. 지은이는 울상을 지으며 공책을 들여다보았다.

3월 2일 일요일

토토와 함께 놀았다. 토토와 같이 밥을 먹었고 이야기도 나누었다. 토토는 아주 아주 오래 살아 온 앵무새인데 여행을 무척 좋아한다. 우리 집에 오기 전까지도 계속 여행 중이었다. 나도 토토처럼 언젠가 세상 곳곳을 여행해 볼 수 있을까?

    토토는 마치 컴퍼스로 대고 쪼아댄 듯 동그랗고 예쁜 구멍을 뚫어 놓았다. 지은이는 동그랗게 구멍이 뚫려 버린 일기장을 높이 치켜들었다. 그리고 그 구멍으로 들여다보았다. 구멍사이로 천장이 보였다. 팔을 조금 내리자 구멍사이로 토토의 모습도 보였다. 아무 일도 하지 않은 것처럼 토토는 점잔을 빼고 있었다. 방금 일기를 뜯어먹어 버린 일이 없기라도 하듯.
"아아 뭐야. 진짜."
"그런 건 차라리 먹어 버리는 게 나아."
"그래도 먹어 버리다니. 넌 아까 밥도 많이 먹었잖아."
토토는 킥킥거리고 웃더니 이렇게 말했다.
"도대체 너는 일기를 누가 쓴다고 생각하는 거야?"
"내가 쓰는 거지."
"그럼 굳이 '나는'이란 말이 들어가야 해? 쓸 필요 없잖아. 그것도 첫 시작에 말이야. 정 쓰고 싶으면 뒷부분에라도 밀어 두던가. 그리고

 말이야 일기는 그날의 일을 쓰는 거야. 날짜도 쓰잖아. 그러니 '오늘'이란 말도 쓸 필요 없지. 이것도 역시 첫 시작부터였지."
 지은이는 부끄러웠다. 볼이 빨갛게 물들었다.
 "그래도 좀 심했어. 쪼아 먹다니. 요즘 세상엔 지우개라는 게 있잖아! 너 너무 오래 살아서 건망증이 생긴 거야?"
 "앗! 그런가. 미안해."
 토토는 미안한지 지은이에게 다가와 부드럽게 톡톡 머리와 어깨를 건드렸다.
 "뭐 삼켜 버린 종이를 토해 줄 수도 없고 대신 내가 좋은 걸 보여줄게."
 토토는 힘껏 날갯짓을 했다. 무지갯빛으로 빛나는 토토의 날개 깃털 중 남색 날갯깃 하나가 빠져나왔다. 토토는 중얼거렸다.

"신비한 마법의 힘이여. 지은이에게 놀라운 걸 보여 주어라."

토토의 말이 떨어지기가 무섭게 날개 깃털은 붕 날아올라 공중에 멈췄다.

"아주 오래 전 내가 쓴 일기들을 보여주어라."

날개 깃털은 몸을 부르르 한번 떨더니 불꽃이 번쩍 빛났다. 그리고 공중에 글씨를 쓰기 시작했다. 공중에 글씨를 쓰자 밝은 빛의 부드러운 기운이 흘러나와 지은이를 감싸는 듯했다.

8월 14일 금요일

뜨거운 사막의 열기는 힘겨웠지만 옛 친구를 만나러 가는 길은 기쁘기만 했다. 서둘러 날갯짓을 하자 친구의 왕궁이 보였고 늘 그랬듯이 친구는 나를 잘 대접하였다. 친구가 대접한 시원하면서 달콤한 과일들은 여행의 피로를 말끔하게 씻어주었다. 우리는 오랫동안 이야기를 나누며 피라미드 근처를 산책하였다. 때마침 노을이 지며 거대한 피라미드를 물들였다. 우리는 노을이 완전히 져서 하늘이 새까맣게 어둠에 덮여 가는 것을 보았다. 그리고 시간이 흘러 어둠 사이로 무수히 많은 별들이 뜨는 하늘도 잠시 바라보았다.

한 나라를 다스리는 동시에 생각이 깊고 지혜로운 친구와 나누는 이야기는 늘 즐거움을 주었다. 우리들의 이야기는 끝도 없이 이어졌다. 밤이 깊어 가도록.

지은이는 신기한 듯 눈을 깜박이며 공중에 써진 일기를 읽고 또 읽었다.

"정말 굉장하다. 넌 진짜 대단한 앵무새구나."

"에헴, 그렇지 난 어마어마한 마법을 가진 특별한 앵무새거든."

토토는 의기양양하게 날갯짓을 했다. 그리고 또 외쳤다.

"마법의 깃털이여 돌아오거라."

토토의 말이 떨어지자 안개에 싸이듯 공중에 써진 글씨는 흐릿하게 지워졌다. 그리고 날개 깃털은 폴폴 날아 토토의 몸에 다시 자리를 잡아 꽂혔다.

지은이는 이 멋진 광경에 짝짝 박수를 쳤다.

토토는 제자리를 찾아온 날개 깃털이 잘 꽂혔나 몸을 한번 둘러보았다. 그리고 다시 지은이의 머리 위에 앉았다.

"이제 일기에 구멍 내고 먹어버린 거는 용서해주는 거지? 그것도 네가 일기를 보다 잘 쓰길 바라는 마음으로 그렇게 한 거야."

지은이는 얼른 고개를 끄덕였다.

"그리고 일기를 잘 쓰면 스토리텔링 하는 데 도움이 된다고."

토토는 지은이에게 스토리텔링에 대해서 짧게 설명해 주었다. 지은이는 토토의 이야기에 귀를 기울였다. 참 아는 것이 많은 지혜로운 앵무새였다.

"정말 굉장해."

지은이는 몇 번이나 감탄했다.

그날 밤 지은이는 토토와 함께 잠자리에 들었다. 잠이 들기 전까지 토토는 이 세상 곳곳을 여행한 이야기를 들려주었다. 마치 할머니들이 옛날이야기를 손자에게 들려주듯이 따스하고 다정한 목소리였다. 신비롭고 재미난 이야기를 들으며 지은이는 어느새 잠이 들고 말았다.

스토리텔링 활용하기 — 친구들 이렇게 해봐

잊어버리지 않게 기록하는 습관을 가지도록 해

사람들은 옛날부터 이야기 듣는 것을 좋아했어. 텔레비전이나 컴퓨터가 없던 시절에는 마을에 이야기를 잘하는 사람이 나서서 마을 사람에게 재미난 이야기를 들려주기도 했지. 아니면 할아버지나 할머니가 손자들에게 재미난 옛날이야기를 전해주기도 했어. 이렇게 이야기를 통해서 지식도 전달되고 생각과 감정도 전달되었어. 또 옛날에는 책을 구하기가 쉽지 않아서 이렇게 입에서 입으로 전해 내려오는 이야기가 많았어. 그렇지만 입에서 입으로 전해지다 보니 같은 이야기인데도 지역마다 조금씩 달라지는 경우도 생겨 버렸어.

이야기를 써 놓게 되면 이런 일을 막을 수 있고, 시간이 오래 흘러서 생각이 안 날 때 펼쳐볼 수도 있지.

어른이 되어서 어린 시절의 일을 스토리텔링 할 수 있는 방법 = 일기

일기는 하루하루 겪은 일을 기록하고 생각과 느낌을 쓰는 거야. 우리 친구들은 지금 일기를 써 놓고 어른이 된 다음에 읽어 봐. 어린 시절의 일들이 새록새록 기억나게 될 거야. **그때의 친구들 그때 느낀 감정, 생각들을 고스란히 손에 넣게 되는 거야.**

일기를 잘 쓰는 방법 몇 가지를 살펴보자.

첫째, 일기를 쓸 때는 '나는, 오늘' 이란 말은 처음 부분에 쓰지 않는 것이 좋아. 일기를 쓰는 사람이 '나'이고 일기는 '오늘' 일어난 일을 쓰는 것이니까 굳이 쓸 필요가 없어. 꼭 써야만 한다면 되도록 제일 앞부분은 피하는 것이 좋아. 내 충고를 잘 기억해 둬.

둘째, 일기는 매일 매일의 생활기록이야. 그러니 힘들거나 귀찮더라도 꾸준히 쓰는 습관이 중요해. 정말 쓸 일이 없어서 고민이 된다면 동시를 한 편 써놓아도 되고 그날 본 애니메이션이나 책의 감상문을 적어도 좋아.

셋째, 일기를 쓸 때에는 일어난 일만 쓰지 말고 생각과 느낌을 쓰는 것이 좋아. 아침부터 잠들기 전까지 일어난 일만 늘어놓고 생각과 느낌이 없다면 너무 재미없는 일기가 될 테니까.

이렇게 일기를 꾸준히 잘 써놓았다면 되도록 버리지 말고 모아 두는 거야. 우리 친구들과 마찬가지로 어른들도 스토리텔링을 잘 못하는 사람들이 있어. 그럴 때 일기가 있다면 무척 도움이 돼.

"어린 시절에는 꽤 개구쟁이여서 늘 무릎에 멍이 들어있고는 했어. 그때 우리 가족들과 바다로 놀러 갔을 때 재미있는 일이 많았어. 커다란 소라를 주운 일도 있고 나팔처럼 입에 대고 불어보기도 했어. 그때 친한 친구는 누구누구가 있었는데……"

이렇게 말하게 된다면 벌써 스토리를 가진 사람이 되는 거야.

우리 아빠는 연예인

 지은이는 요새 더욱 수선이를 한 방 먹여주고 싶은 생각이 들었다. 초대하지도 않은 집에 불쑥 찾아와서 신나게 놀고 토토의 마법으로 만든 빵까지 먹었던 주제에 지은이를 놀려대는 것이다.
 "지은이네 아빠는 악당이야. 지은이네 아빠는 엄청 나쁜 사람이야."
 수선이가 이런 말을 해댈 때마다 지은이는 주먹을 불끈 쥐었다. 쉬는 시간마다 수선이가 못살게 구는 통에 지은이는 화가 나면서도 슬픈 마음이 들었다.
 "이럴 줄 알았으면 아빠 직업을 이야기하지 않는 건데."
 교실 밖으로 나온 지은이는 혼잣말을 하였다. 누군가 토닥토닥 지은이의 등을 위로하듯 두들겨 주었다. 지혜였다. 어느 틈에 따라 나와서 지은이가 혼잣말을 하는 걸 들은 모양이었다.

"네가 참아. 지은아. 수선이가 잘 몰라서 그래."

휴우, 지은이는 깊은 한숨을 쉬었다.

그날 학교에서 돌아온 지은이는 토토에게 수선이가 한 행동을 일러바치듯 이야기했다.

"친구들이 아빠 직업을 이야기하길래 나도 아빠 직업을 이야기했어."

"흐음, 아빠가 배우 하시는 걸 이야기했다고?"

"으응, 그랬는데 말이야. 수선이가 듣더니 자꾸만 캐묻는 거야. 지금은 어디에 나오는지. 이제까지 어디어디 나왔는지. 좀 이상한 기분이 들기는 했지만 영웅과 악당이란 영화에 나온 적 있다고 했어."

지은이는 고개를 푹 숙였다. 그리고 머리카락을 쥐어뜯듯 힘껏 움켜잡았다.

"으악! 그때부터였어. 수선이가 날 놀리기 시작한 게. 자기도 텔레비전에서 해주는 그 영화를 봤다면서 너희 아빠는 악당이야. 나쁜 사람이야. 이렇게 놀리기 시작하는 거야."

"이궁, 저런 수선이가 전혀 이해를 못 했구나. 그건 그냥 만들어진 인물을 연기하는 건데."

지은이는 학교에서처럼 깊은 한숨을 쉬었다.

"한 번만 더 놀리면 가만있지

않을 거야. 우리 아빠는 영웅과 악당이란 영화에서 악당을 연기했지만 실제로는 엄청 자상하단 말이야."

"알지. 지은이네 아빠는 엄청나게 다정하신 분이지. 연기를 잘해서 그런가. 진짜 모습이라고 착각하게."

토토는 지은이 곁에 다가와서 톡톡 부리로 어깨를 두들겨 주었다.

"진짜, 못 참아. 가만 안 있을 거야!"

"가만 안 있으면 때려 주기라도 하려고?"

지은이는 생각에 잠겼다.

"복수하고 싶어! 복수하고 말 거야."

지은이는 크게 외쳤다. 하지만 다음 순간 기운 없는 작은 목소리로 중얼거렸다.

"그렇지만 방법이 없어."

지은이는 언젠가 아. 무. 거. 나. 써오라는 숙제를 하지 못했을 때처럼 방 안을 굴러다니기 시작했다. 마음이 답답했다.

"발이라도 꽉 밟아 줄까?"

지은이가 벌떡 몸을 일으켰다. 토토는 그건 안 돼! 라고 정확히 이야기하였다.

"안 돼. 안 돼. 그러면 더 큰 싸움이 될지 몰라. 우선은 네가 참아 봐. 기분은 나쁘겠지만."

토토는 힘내라는 듯 날갯짓을 세차게 했다.

"만일 네가 앞으로 하루만 잘 참는다면 내가 무진장 신기하고 어마어마한 마법의 힘이 가득 찬 선물을 줄게."

"진짜? 약속이야."

지은이가 손가락을 내밀자 토토는 스치듯이 날개를 뻗어왔다. 토토가 줄 선물을 기대하며 지은이는 화를 좀 누그러트릴 수 있었다.

하지만 역시 참는 일은 쉽지 않았다. 수선이는 쉬는 시간마다 놀려 댔고 급식 시간에도 마찬가지였다. 그때마다 지은이는 있는 힘껏 참았다. 지혜가 옆에서 수선이에게 지은이네 아빠는 만들어진 인물을 연기하는 것뿐이라고 설명을 해 주어도 수선이는 모른 척했다.

그렇게 힘든 시간이 지나가고 지은이는 기운이 빠져 터덜터덜 집으로 돌아왔다. 토토가 다른 날보다 반갑게 지은이를 맞아 주었다.

"잘 참았어? 하루 동안?"

"응, 무척 힘들었지만 참고 또 참았지."

"잘했어. 지은아. 그럼 내가 약속했던 대로 선물을 주도록 할게."

토토는 힘껏 날갯짓을 했다. 무지갯빛으로 빛나는 토토의 날개 깃털 중 보라색 날개 깃털이 빠져나왔다. 토토는 크게 외쳤다.

"신비한 마법의 힘이여. 지은이에게 선물을 주어라."

토토의 말이 떨어지자 보라색 날개 깃털은 붕 날아올라 뱅글뱅글 맴을 돌기 시작했다. 보라색의 은은한 빛이 지은이의 방을 가득 메웠다. 빛 한가운데서 꼭 스케치북만 한 크기의 책 한 권이 모습을 드러냈다.

"어마어마한 힘을 가진 마법의 깃털이여. 어서 지은이에게 마법 선물을 주어라."

토토가 말을 마치자 스케치북 크기의 책은 지은이의 손에 떨어지듯

안겼다. 그리고 뱅글뱅글 맴을 돌던 보라색 날개 깃털이 지은이에게로 가까이 날아왔다. 다른 깃털처럼 토토에게로 돌아갈 줄 알았던 마법 깃털이 자신에게로 날아오자 지은이는 깜짝 놀랐다.

"이게 뭐야? 토토? 깃털이 내게 오잖아."

"마법 책도 마법 깃털도 다 선물이야. 지은아."

"깃털 다시 안 꽂아도 돼?"

토토는 힘차게 고개를 끄덕였다.

"나의 이 반들반들 윤이 나는 수없이 많은 깃털들을 봐. 하나쯤은 너에게 선물해도 괜찮아."

지은이는 기쁜 얼굴이 되어 마법 깃털과 스케치북처럼 커다란 공책을 꼭 껴안았다.

"그 마법 깃털로 마법 책에 그림을 그려봐"

지은이는 잠시 망설이다가 보라색 마법 깃털을 잡고 만화를 그리기 시작했다. 커다란 악마 뿔이 달린 아이가 작은 날개를 단 요정을 괴롭히는 그림이었다. 지은이는 요정의 머리 위에 말 주머니도 그렸다. 그 안에 '제발 괴롭히지 마. 나는 너랑 싸우고 싶지 않아.'라고 써 놓았다.

"너는 지금 만화로 스토리텔링을 한 거야. 만화로 이야기를 전달한 것이지."

"그렇구나. 만화로도 스토리텔링이 가능하구나."

"더 신기한 거 보여 줄까?"

지은이는 고개를 끄덕였다.

"나를 따라서 주문을 외워 봐."

"움직여라 마법의 힘이여."

지은이는 토토를 흉내 내어 외쳤다. 그러자 지은이가 그린 만화가 책을 벗어나 둥실둥실 공중으로 떠올랐다. 알록달록 색깔도 예쁘게 입혀졌다. 마치 영화 화면처럼 움직이기 시작했다. 커다란 악마 뿔이 달린 아이가 파리처럼 작은 날개를 단 요정을 쫓아 움직였고 요정은 도망쳤다. 말 주머니 안에 써놓은 '제발 괴롭히지 마. 나는 너랑 싸우고 싶지 않아.'란 글씨는 목소리가 돼서 흘러나왔다. 작고 가냘픈 여자 아이의 목소리였다. 하지만 뚜렷이 들렸다.

"제발 괴롭히지 마. 나는 너랑 싸우고 싶지 않아."

지은이는 너무 신기해서 눈을 반짝였다.

"우와! 이건 진짜 신기하다. 스마트폰보다 훨씬 좋아."

지은이는 토토의 선물이 마음에 들었다.

"더 재미있게도 돼. 너 게임 좋아하잖아. 나를 따라해 봐."

토토는 큰 소리로 외쳤다.

"내가 그린 그림이여 게임이 되어라."

지은이는 토토를 따라 했다. 그러자 신나고 경쾌한 음악이 들렸다. 공중에 움직이던 요정이 움직임을 멈추었고 악마 뿔을 단 아이도 마찬가지였다.

"깃털 펜으로 눌러 봐."

지은이가 요정을 깃털 펜으로 건드리자 공중에 요정이 마법 봉을 꺼내 들고 악마뿔을 공격하기 시작했다. 마법 봉에서 쏟아져 나온 빛이 챙챙챙 핑핑핑 요란한 소리와 함께 악마 뿔을 단 아이에게 뻗어 나갔다. 지은이는 입을 딱 벌렸다.

"신기하지? 앞으로 이 마법 선물에 글도 쓰고 그림이나 만화도 그리고 게임도 만들면서 스토리텔링을 해 봐."

지은이는 고개를 끄덕였다. 아까까지는 수선이가 놀린 것이 분했지만 지금은 마법 책 덕분에 기분이 많이 나아졌다. 지은이는 보라색 깃털을 꼭 쥐었다. 그리고 마법 책을 소중히 껴안았다.

스토리텔링 활용하기 — 친구들 이렇게 해봐

인물을 만들어 보고 성격을 만들어 보자

스토리텔링은 이야기를 여러 가지 방법으로 전달하는데 글로 전달하는 방법도 있고 만화나 그림 음악, 연극, 게임 등으로도 전달해. 예를 들어 동화를 쓴다고 생각해 보자. 인물이 나와. 이야기에 따라서 한 사람이 나올 때도 있고 여러 사람이 나올 때도 있어. 그리고 등장하는 인물이 꼭 사람이 아닐 때도 있어. 나도 사람이 아니듯이.

이런 인물들에는 각각 성격이 있어. 착하고 마음이 고운 사람이 있는가 하면 사납고 나쁜 마음을 지닌 인물들이 있어. 만화에도 이렇게 인물들이 나오지? 이런 인물들은 이야기를 더욱 재미나게 해 주는 역할을 해. 각각의 인물들은 성격을 가지고 있어. 이유 없이 남을 괴롭히는 성격을 가진 인물이 있는가 하면 무척 착한 인물도 있어.

인물의 성격을 나누어 보기

하나, 처음부터 끝까지 계속 착한 성격인 인물
둘, 처음부터 끝까지 계속 악한 일을 저지르는 인물
셋, 처음에는 나쁜 인물이지만 이야기가 펼쳐지면서 변화하는 인물. 반대로 착한 인물이었다가 나쁜 인물로 변화하는 인물도 있어.

인물의 이름을 붙여보자

인물들의 이름을 붙이는 일도 아주 재미있어. 자신이 지어낸 이야기에 나오는 인물들에 이름을 붙여 주기가 힘들다고? 걱정하지 마. 연습을 해 봐. 우선 다섯 손가락을 모두 펴 봐. 각각의 손가락에는 모두 이름이 있어. 엄지 검지 중지 약지 소지(새끼손가락)라는. 하지만 새로 이름을 붙여보는 거야. 엄지에는 뚱이, 중지에는 중앙이 새끼손가락에는 막둥이 이런 식으로 이름을 붙여 보는 거야. 이렇게 이름을 붙이는 연습을 해 보면 자신이 만들어 낸 인물들에게도 아주 멋진 이름을 붙일 수 있어.

마법 책과 깃털도둑 사건

지은이는 학교로 마법 책과 보라색 깃털을 가지고 갔다. 쉬는 시간이 되어 지은이는 친구들에게 마법 책 위에 깃털로 만화를 그리고 보여 주었다. 주문을 외울 때에는 조금 부끄러웠지만 지은이는 배에 힘을 꽉 주고 큰소리로 외쳤다.

"움직여라. 마법의 힘이여."

친구들은 모두 눈을 반짝이며 그 모습을 보고 있었다. 지은이가 그린 그림이 공중에 떠오르고 말 주머니 안에 글자까지 소리가 되어 흘러나오자 모두가 깜짝 놀랐다.

"진짜, 신기해. 지은아."

지은이는 어깨를 한 번 으쓱거렸다.

"더 놀라운 일을 보여 줄게. 끝나고 모두들 잠깐만 교실에 남아 있어."

지은이는 계획한 일이 성공하길 기대하며 어서 수업시간이 끝나길 기다렸다. 수선이는 여전히 쉬는 시간마다 지은이 아빠를 악당이라고 놀렸지만 신경도 쓰이지 않았다.

'나에겐 마법 책과 깃털이 있어. 그리고 우리 아빠는 연기를 하는 거지. 진짜 나쁜 사람이 아니라고.'

지은이는 이렇게 생각하면서 수선이의 놀림을 다 무시했다. 수업이 끝나자, 지은이가 부탁한 대로 반 친구들은 모두 교실에 남아 있었다.

"조금만 더 기다려 줘. 이제 곧 더 놀라운 걸 보게 될 거야."

토토와 약속한 시간이 다 되어 가고 있었다. 지은이는 초조하게 창문 쪽을 살폈다. 드디어 약속한 시간이 되자 토토가 기다렸다는 듯 모습을 드러냈다. 무지갯빛 빛나는 토토의 몸이 창문으로 날아 들어와 교실을 한 바퀴 날았다. 반 친구들은 모두 우와! 소리를 지르며 감탄했다.

지은이는 앵무새 토토를 반 친구들 모두에게 소개했다. 친구들은 모두 박수를 쳤다. 토토는 점잔을 빼며 으쓱거렸다. 지은이도 덩달아 어깨가 으쓱거렸다. 친한 친구들 뿐만 아니라 반 친구들에게도 이야기를 만들

고 전하는 기쁨을 알려 주고 싶었다. 그래서 토토를 학교로 오라고 했는데 역시 대성공이었다. 토토는 마치 회장선거에 나오기라도 한 듯 점잖은 목소리로 스토리텔링에 대해 반 친구들에게 설명해 주었다. 모두들 이 놀라운 앵무새가 하는 이야기를 잘 듣고 있었다. 수선이만이 화가 난 듯 입을 삐죽거리고 있었다. 이야기가 끝나고 토토는 집으로 돌아가겠다고 했다.

"이따가 집에서 보자. 지은아. 난 여기저기 산책 좀 하다가 돌아갈게."

토토는 인사를 하는 것처럼 지은이의 머리 위에 한 번 올라앉았다가 날개를 펴며 말했다.

"알았어. 토토. 친절하게 설명해 주고 알려 줘서 친구들에게 꼭 도움이 될 거야."

지은이는 토토의 날개 깃털을 한 번 쓰다듬었다. 토토는 날개를 활짝 펴고 하늘을 향해 날아올랐다. 처음에 토토를 반 친구들에게 소개하려고 했을 때는 이 정도로까지 토토가 잘 해낼 줄은 몰랐다. 때로는 약간 건방진 토토였기 때문이었다.

지은이는 오늘 토토의 설명이 반 친구들에게 도움이 되었으면 하는 생각뿐이었다. 주위에 친구들은 토토의 이야기로 떠들썩했다. 지은이는 생긋 웃으며 토토가 날아간 하늘을 보고 있었다.

토토를 반 친구들에게 소개한 다음날도 친구들은 모두 토토의 이야기로 분주했다. 수업시간이 끝날 때마다 친구들은 온통 토토와 지은이의 마법 책 이야기로 수다를 떨었다. 그날은 수선이가 지은이를 놀리지 않았다. 수선이는 어쩐지 기가 죽은 것 같았다. 지은이는 기쁜 마음이 들었다. 그런데 기쁨도 잠시뿐이었다. 체육시간이 끝나고 이상한 일이 벌어진 것이다. 체육시간에 나갔다 와 보니 마법 책은 물론 깃털까지 사라져버렸다. 지은이는 책상 안과 주변을 다시 잘 찾아보았다. 하지만 눈에 띄지 않았다.

"도대체 어디로 간 거지. 어디 간 거야? 분명히 체육시간 전까지는 있었는데."

지혜가 지은이를 도와 같이 찾아주었지만 역시 찾을 수가 없었다. 지은이는 발을 동동 구르며 급한 마음에 반 친구들에게 물었지만 모두들 잘 모르겠다는 답만 돌아올 뿐이었다.

"누가 가져갔나 봐."

지은이는 양심 없이 남의 물건에 손을 댄 친구가 누구인지 의심이 가득한 얼굴로 반 친구들을 둘러보았다. 지혜는 그런 지은이의 옆에서 뭔가 생각에 잠긴 얼굴이었다. 수업이 끝날 때까지 지은이는 마법 책과 깃털이 어디로 갔는지 찾을 수가 없었다. 시무룩한 얼굴로 지은이는 터덜터덜 집으로 돌아가야만 했다. 책과 깃털 찾기를 도와주던 지혜는 아까부터 아무 말도 하지 않고 뭔가 깊은 생각에 잠긴 얼굴이었다.

"아아, 어떻게 하지?"

지은이는 하늘을 올려다보며 이렇게 중얼거렸다. 어제만 해도 토토를 소개하고 친구들에게 도움이 되어 기뻤는데 하루 만에 이렇게 사정이 싹 달라지고 말았다.

"왜 이런 일이 생긴 거야? 왜! 왜!"

지은이는 원망하는 얼굴로 하늘을 올려다보았고 계속 기분이 안 좋았다. 집으로 돌아와서 토토에게 사정을 설명하자 토토도 놀란 눈이 되었다. 지은이는 토토가 잘 알 수 있게 마법 책과 깃털이 언제부터 보이지 않았는지 자세히 설명했다.

"아아, 큰일이네. 그런 일이 벌어지다니."

지은이는 기운이 빠졌다.

"아까 아무리 책상과 반 구석구석을 찾아봤지만 보이지 않더라고."

"너무 괴로워하지 마. 어차피 또 마법으로 얼마든지 만들 수 있어. 나의 깃털은 무수히 많거든."

토토는 지은이 무릎 위에 올라와 이렇게 말해 주었다.

"그러니까 그거 없어졌다고 방 안을 굴러다닐 생각 같은 건 하지 말란 말이야. 알았지 지은아?"

"응, 하지만 갑자기 없어져서 반 친구들도 자꾸 의심하게 되고. 기분도 안 좋아."

"그렇지 당연한 일이야. 그리고 말이야 걱정되는 일이 있긴 해."

토토는 잠시 말을 멈추었다. 토토의 눈에는 걱정이 가득 담겨 있었다.

"뭔데 말해 봐."

"그게 말이지. 아아, 마법 책은 얼마든지 다시 만들어서 너에게 줄 수는 있는데 말이야. 근데 그게."

"도대체 뭔데 토토. 얼른 말해 줘."

"휴유, 그게 만약 누군가가 양심 없이 쓱싹 훔쳐 가버린 거라면 그걸 가져간 사람은 큰일이거든."

토토는 또 말을 멈추었다.

"어떻게 되는데?"

지은이는 궁금해서 견딜 수 없었다. 서둘러 다시 한 번 물어보았다.

"어떻게 되는데 그걸 가져간 사람은?"

토토는 고개를 떨구고 말을 이었다.

"그걸 훔친 사람은 무시무시한 저주를 받아서 새장에 갇히게 돼."

"뭐 저주라고?"

지은이는 마음이 덜컥 내려앉았다.

"새장에 갇힌다고?"

"그래, 마법 감옥에는 새장이 있는데 그 새장에 한번 갇히면 나오기가 무지하게 힘들어. 왜 스토리 파크 말고 무서운 곳도 있다고 했잖아. 바로 마법 감옥이야."

지은이는 몸이 떨렸다. 정말 엄청난 일이었다.

"정말 큰 사건이야. 큰 일이 벌어진 거야."

토토는 걱정스러운 얼굴로 계속 이렇게 중얼거리고 있었다.

스토리텔링 활용하기   *친구들 이렇게 해봐*

세상에 일어나는 수많은 사건들

정말 큰 사건이 일어났지? 우리는 생활하면서 종종 이렇게 사건에 부딪히기도 해. 세상에는 늘 사건이 일어나거든. 신문이나 뉴스에서 늘 사건이 벌어지는 걸 전해주잖아. 주위에서도 사건이 일어나지? 친구들끼리 싸움을 해서 선생님에게 불려갔다든가 지은이처럼 물건이 없어져서 곤란했다든가 우리는 늘 이런 사건들에 부딪히는 거야.

물론 이렇게 안 좋은 사건도 있지만 좋은 사건도 있어. 친구를 돕기 위해 모금활동을 벌이고 환경을 위해 반 아이들 모두가 분리수거에 힘썼다든가 하는 좋은 내용의 사건도 있겠지.

내용의 좋고 나쁨을 떠나서 이야기에는 사건이 들어가. 이런 사건을 생생하게 전달하는 것도 중요한 일이지.

만일 지은이가 학교에서 벌어진 일을 나에게 말했을 때 제대로 이야기 안 했다면 나는 그 사건을 제대로 알 수가 없겠지. 우리는 이렇게 사건을 제대로 전달하기 위해 여러 가지 방법을 써. 그림이나 사진을 넣기도 하고 이야기를 쓰기도 해. 그러면 듣는 사람이나 보는 사람이 더욱 확실히 기억할 수가 있지.

사건을 제대로 만들고 전달하는 스토리텔링

첫째, 사건을 창조할 때의 스토리텔링

만약 실제 일어난 사건이 아니라 사건을 만들어 전달할 때에는 치밀하게 만드는 것이 좋아. 그 사건을 겪는 인물들의 느낌을 제대로 만들어 표현하고 어째서 그런 사건이 일어나게 되었는지도 이유를 명확히 밝혀야 해. 또 그 사건이 어떻게 끝맺음을 지었는지 자세히 밝혀서 만드는 게 좋아.

둘째, 일어난 사건을 분위기에 따라 전달하기
안 좋거나 슬픈 사건을 전달할 때에는 어두운 그림이나 사진을 넣기도 해. 좋은 내용의 사건을 전달하기 위해서는 밝은 그림이나 사진을 이용하기도 해.
만약 안 좋은 사건을 전달하는 아나운서가 너무 밝은 목소리로 이야기하거나 농담을 섞는다면 거부감이 느껴지는 것처럼, 안 좋은 사건에는 그 분위기에 맞춰서 이야기를 전달해야 해. 우리가 제대로 분위기에 맞춰 이야기를 전달한다면 이야기는 더 큰 힘과 효과를 발휘하게 되는 거야.

셋째, 시간 순서대로 전달하기와 공간에 따라 전달하기
사건을 전달하는 방법 중에 가장 흔한 것이 시간 중심으로 전달하는 거야. 예를 들어 아침부터 저녁까지 일어난 사건을 정리하여 전달하면 바로 시간 순서대로 스토리텔링을 한 거야.
또, 공간 즉 장소가 바뀌는 것으로 사건을 설명하기도 해. 예를 들어 운동장에서 무슨 일이 일어났고 이것을 해결하기 위해 교무실에 계신 선생님께 갔다고 해 보자. 장소가 변하는 것에 따라 사건을 전달하게 되는 거야.
물론 시간과 장소 두 가지 모두 다 사용하는 경우도 있어.
공원으로 놀러 갔는데 점심때가 되어 비가 왔다. 재빨리 집으로 돌아왔지만 옷이 다 젖고 그만 감기에 걸렸다. 비는 저녁때까지 계속 왔다.
감기에 걸린 사건을 이야기할 때 공원이란 장소, 점심과 저녁이란 시간이 사용되었어. 시간과 장소 두 가지 모두 사용된 경우야.

바라보는 많은 눈들

고민스러운 날들이 계속되었다. 며칠 동안 계속 지은이는 마법 책과 깃털을 찾으려고 했지만 찾을 수가 없었다. 지은이는 지혜에게 깃털과 마법 책 도둑이 저주에 걸린다는 것을 이야기해 주었다.

"뭐야? 그런 일이 벌어지는 거야? 무서운데."

지혜는 깜짝 놀랐다.

"사실은 내가 좀 더 알아보고 생각한 후에 알리려고 했는데 그날 네 책상에서 누가 기웃거리던 걸 보았어."

지혜는 갑자기 입을 다물었다.

"아아, 뭐야? 지혜야? 말해 줘. 기웃거리던 게 누구야??"

"아무래도 안 되겠어. 아직은 확실하지 않아. 지은아? 나 믿지? 내가 진짜 조금 더 알아보고 말해 줄게. 그때까지 기다려 줄래?"

"그래, 알았어."

지은이는 지혜의 동그란 안경 속에 빛나는 눈을 보면서 이렇게 말했다. 그 후에 지혜는 반 친구들에게 알아보기 위해 분주히 움직였다.

"지은이의 마법 책과 깃털이 없어진 일이 있지? 지은이가 체육시간 끝나고 보니 없어졌대. 그전에는 분명히 있었다고 지은이가 기억하거든. 잘 좀 생각해 봐. 체육시간 시작 전에 굉장히 어수선했었어. 하지만 뭔가 보거나 떠오르는 게 있으면 말해 줘."

이렇게 한 친구에게 말하고 또 다른 친구에게 가서 묻고는 했다.

"지은이가 마법 책과 깃털을 잃어버렸는데 누군가 훔쳐 간 거 같아. 누가 가져갔는지도 확실히 모르고 아직도 찾지를 못하고 있어. 체육시간 전에 뭐 본 거 없는 지 잘 좀 생각해 봐."

지혜가 마치 자기 일처럼 나서서 도와주려는 모습을 보고 지은이도 가만히 있을 수만은 없었다.

"내가 토토를 데리고 온 날 기억하지? 그날 마법 책과 깃털도 보여주었잖아? 그 다음날도 가지고 왔어. 그런데 그게 없어졌어! 체육시간이 끝나고 와서 보니까 사라졌어. 그전까지는 내가 마법 책과 깃털을 분명히 보았어. 책에 그림까지 그렸어. 책상 안에 넣어놓고 나간 것도 확실해! 뭐 좀 생각나는 것 좀 없어? 제발 잘 생각해 봐!"

지은이도 친구들에게 계속 묻고 다녔다. 이야기를 묻고 다니다 보니 지은이는 지혜와 자신의 차이점을 알 수가 있었다. 지혜는 남이 겪은 일을 친구들에게 설명하고 다녔고 지은이는 자기 자신이 겪은 일을 설명하고 다녔다. 그래도 지혜의 마음만큼은 지은이와 똑같았다. 책과 깃털을 어서 찾기를 바라는 마음.

이렇게 계속 책과 깃털을 찾으려고 물으면서 돌아다니는데 반에는 점점 이상한 소문이 퍼졌다. 지은이가 관심을 끌기 위해 책을 숨겨 놓고 일부러 잃어버렸다는 거짓말을 한다는 것이다. 친구들의 수군거리는 소리가 들려왔고 처음에는 무슨 일이 벌어지는지 몰랐지만 곧 지은이의 귀에도 이런 소문이 들려왔다. 지은이는 큰 충격을 받았다.

"으악, 어떻게 이럴 수가 있어? 내가 왜 책을 일부러 잃어버리지도 않았는데 숨겼겠어?"

지혜가 고개를 끄덕였다.

"그래, 잘못된 소문인거야. 너에 대해서 오해해서 그래."

"정말 답답하다. 답답해. 답답하다고."

억울하고 안타까운 마음이 가슴에 가득했다.

"난 분명 책을 학교에 가져왔고 잃어버렸을 뿐인데 왜 내가 일부러 숨기고 거짓말을 했다는 소문이 퍼지는 거야?"

지은이는 그날 토토를 데리고 왔을 때 좋아하던 친구들의 모습과 마법 책의 신기함에 놀라던 친구들의 모습을 떠올렸다. 그런 나쁜 소문을 내는 친구들과 좋아하던 친구들이 같은 사람이라는 게 믿기지 않았다.

"모두가 그러는 건 아니야. 몇 명만 그래. 이야기는 퍼져 나갈 때 잘못 전달될 수도 있어. 여러 친구들의 의견이 더해지기도 하고. 그래도 반 친구들 중에는 너를 의심하지 않고 믿어주는 친구들이 더 많아. 네가 책을 빨리 찾기를 바라는 친구들도 많고 그러니까 너무 화내지 마."

지혜가 위로를 해주었지만 지은이는 영 기분이 좋지 않았다. 환희도 지은이에게 와서 빨리 책과 깃털을 찾기를 바란다고 위로해 주었다.

"얼른 책과 깃털을 찾았으면 좋겠다."

환희는 자기가 잃어버린 거라도 되는 듯 얼굴에 걱정이 가득했다. 늘 웃음이 가득하던 얼굴이 고민하는 얼굴이었다.

"그래, 환희야 걱정해 줘서 고마워. 내가 잃어버린 것도 큰일이지만 더 큰일이 있어. 그거 가져간 게 누구인지는 모르지만 토토가 그러는데 저주를 받게 된대."

지은이는 목소리를 작게 하여 소곤거리듯 이야기했다.

"진짜? 저주라고? 큰일이네!"

환희가 걱정을 하였다.

"그런데 어떤 저주를 받게 돼?"

"마법 감옥이라는 데가 있는데 그곳에 있는 탈출하기 매우매우 힘든 새장에 갇히게 된대."

"진짜 큰일이네. 일이 점점 더 커지네."

환희가 한숨을 쉬었다. 지혜도 고개를 끄덕였다.

그날 지은이는 집에 돌아와서도 나쁜 소문

이 퍼져나가는 일이 걱정이었다. 지은이는 토토를 꼭 껴안았다.

"토토야, 왜들 그러는 걸까? 왜 내 마음을 몰라주는 걸까? 난 정말 책이랑 깃털이랑 없어져서 놀라고 찾고 싶은 마음뿐이었는데. 내가 관심 끌려고 없어지지도 않은 것을 도둑맞았다고 거짓말하고 다닌대."

지은이는 울고 싶은 기분이었다. 마음을 보여 줄 수 있는 길이 있다면 하고 지은이는 생각했다.

"지은아, 언젠가는 친구들이 네 마음을 알아줄 거야. 그러니 너무 슬퍼하지 마."

"지혜가 말하길 이야기가 전달될 때 여러 의견이 들어가면서 잘못 전달되어 나쁜 소문이 퍼지는 거래."

토토는 고개를 끄덕였다.

"그래서 잘 전달이 되어야 하는 거야. 지은이가 마법 책과 깃털을 잃어버렸대! 누군가 훔쳐갔나 봐! 이런 사실을 전달하다가 혹시 자기가 도둑이라고 의심받거나 누명 쓸까봐 걱정할 수 있잖아. 그래서 지은이가 잃어버리지도 않았는데 거짓말하는 거 아냐! 이렇게 덧붙이면 이상한 쪽으로 전달이 되는 거야. 그럼 지은이가 왜 그랬겠어? 관심 끌려고 일부러 그런 건가? 또 누군가 이렇게 말하면 점점 더 다르게 전달돼. 나쁜 소문은 눈덩이처럼 계속 불어나는 거야."

"으악! 안 돼. 그건 진짜 오해야. 마법 책과 깃털이 없어져서 얼마나 놀랐는데."

지은이는 당장이라도 방 안을 굴러다니고 싶었다. 토토는 지은이의 마음을 알아챘는지 어깨에 앉았다.

"이야기가 아무리 잘못 퍼져나가도 진실의 힘은 강해. 반 친구들 중에도 네가 책을 잃어버려서 걱정하는 친구들이 더 많을 거야 분명히.

토토는 지혜와 비슷한 이야기를 하고 있었다. 그래도 지은이는 마음이 풀리지 않았다. 나쁜 소문을 퍼뜨리는 친구들이 원망스러웠다.

"기분 풀어지게 음악이라도 들려줄까?"

토토는 탁자 위에 올라가 입을 벌렸다. 신기한 일이 벌어졌다. 마치 보석 상자를 열었을 때 흘러나오는 오르골 소리가 입에서 흘러나왔다. 잔잔하고 마음을 달래주는 음악소리였다.

"토토. 토토야."

지은이는 음악에 귀를 기울였다. 마음이 풀리는 것 같았다. 토토의 입에서 흘러나오는 오르골 소리는 지은이에게 언젠가는 친구들이 네 마음을 알아 줄 거라고 이야기하는 듯했다.

스토리텔링 활용하기   **친구들 이렇게 해봐**

이야기를 전달하고 바라보는 사람들의 시점

지은이는 이번 사건으로 여러 가지를 배우게 되네. 그러니까 안 좋은 일이라도 꼭 나쁜 것만은 아닌 것 같아.
우선 사건을 조사하면서 이야기를 전달할 때 지은이와 지혜가 다른 방법으로 전달하지? 내가 겪은 일과 다른 사람이 겪은 일을 설명할 때는 이렇게 다른 방법으로 전달하게 돼. 그래서 나오는 게 바로 시점이야.
시점은 여러 가지로 나누어지지만 크게는 1인칭 시점과 관찰자 시점으로 나누어져.

- **1인칭 시점** : 내가 사건을 바라보고 전달하는 시점이야. 지은이가 마법 책 도둑사건을 전달할 때에는 자신이 겪은 일이니까 1인칭 시점이 돼.
- **관찰자 시점** : 다른 사람이 겪은 일을 바라보고 전달하는 시점이야. 지혜가 지은이의 마법 책 도둑 사건을 전달하는 시점이야.

이야기를 전달할 때의 마음가짐

마법선물이 없어진 일 이외에도 지금 지은이는 고민이 있어.
이상한 소문에 시달리고 있잖아. 지은이가 관심 끌려고 일부러 없어지지도 않은 책을 도둑맞았다고 하는 이야기들 말이야. 이렇게 억울한 일이 벌어지는 건 이야기가 전달되는 과정에서 자꾸만 달라지기 때문이야.
이야기를 전달할 때에는 이런 마음가짐을 가져야 해.

첫째, 정확하고 생생하게 전달하자.

이야기를 전달할 때에는 남의 이야기라고 해서 떠오르는 생각들을 아무렇게나 덧붙이거나 험담을 해서는 안 되겠지. 이런 잘못되고 이상한 소문들이 퍼져나가지 않게 말이야. 누군가 자신이 도둑으로 의심받을까 봐 겁이 나서 말을 지어냈다고 예를 들어 보자.
"혹시 지은이가 일부러 없어지지도 않았는데 마법 책을 없어졌다고 하는 거 아냐?"
"그래, 맞아! 친구들에게 관심 끌려고 없어졌다고 거짓말하는 거야."
이렇게 이야기를 정확하게 전달하지 않고 지어내기 시작하면 잘못된 소문이 퍼져나가게 돼. 그래서 이야기를 전달할 때에는 함부로 아무 말이나 막 지어내서 하거나 험담을 덧붙이면 안 되는 거야.

둘째, 근거 없는 의심을 버리자.

만일 나쁜 소문이 퍼져 나간다면 전달하는 사람들은 이렇게 이야기하는 게 좋아.
"아직 확실한 거는 아무것도 없어. 이상한 소문내지 말고 기다려 보자."
이랬다면 지은이에 대한 나쁜 소문은 더 이상 퍼져 나가지 않았을 거야.
다른 사람에 대한 근거 없는 의심 때문에 그 소문의 주인공이 몹시 곤란한 처지에 놓일 수도 있잖아. 나쁜 소문은 누군가 멈추지 않으면 끝없이 퍼져 나가는 거야. 결국엔 근거 없는 소문으로 괴로워하다가 심지어 자살하는 사람들이 생겨나기도 해.

그러니까 어떤 사건이나 이야기를 전달할 때는 근거 없는 의심을 버리고 떠오르는 대로 덧붙이거나 험담하지 말고 정확하고 생생하게 전달해야 해. 뭐, 지금은 지은이가 친구들에게 오해를 받고 있지만 곧 괜찮아질 거라고 생각해. 지혜가 지은이를 도우려고 노력 중이고 진실의 힘은 강하니까 언젠가는 지은이에 대한 오해가 풀릴 거야.

뒤죽박죽 머릿속

아침부터 교실 안 친구들은 웅성거리고 있었다. 지은이에 대한 이야기를 하는 것 같기도 했고 어수선한 분위기였다. 지혜가 지은이에게 할 말이 있다고 부른 것도 아침의 일이었다.

"나 드디어 범인을 알았어! 확실해."

가슴이 세차게 방망이질을 시작했다.

"누구야? 범인이?"

"사실은 환희가 그날 체육시간 시작 전에 네 책상 앞에서 얼쩡거리는 걸 봤어."

"설마? 환희가?"

지은이는 눈앞이 캄캄해졌다. 설마 환희가 몰래 가져갔을 거라고는 한 번도 의심해 본 일이 없었다. 잘 웃고 공부도 잘하고 친절한 환희가.

"너는 이미 운동장으로 나간 후였고."

지혜는 잠시 뜸을 들였다가 말했다.

"별 생각 없이 복도로 나가는데 마침 수선이가 교실 안으로 들어오는 걸 마주쳤어. 나는 복도에서 잠시 교실 안을 힐끔 보았는데 수선이도 네 책상 쪽으로 가는 거야. 그때는 아무 의심 없이 그냥 밖으로 나갔어."

"수선이가?"

지은이는 역시 놀라고 말했다.

"그래서 둘 중에 누가 범인인지 알 수가 없었어. 둘 다 지은이 네 책상 앞에서 얼쩡거리긴 했지만 둘 다 책과 깃털을 가져가는 걸 보지는 못했거든. 그래서 혹시 다른 친구들은 뭘 봤나 물어보고 다닌 거야."

"그랬구나. 그래서 믿고 기다려달라고 한 거구나."

지혜는 고개를 끄덕였다.

"그동안 누가 범인인지 몰라서 머릿속이 온통 뒤죽박죽이었어. 그런데 다른 반 친구 역시 복도를 지나다가 보았는데 수선이가 네 책상에서 깃털과 책을 들고 자기 책상 쪽으로 걸어가는 걸 분명히 봤다는 거야."

지은이는 머릿속이 새하얗게 변하는 것 같았다. 수선이가 마음에 들지는 않았지만 그런 짓까지 할 줄은 몰랐다.

"다른 반 친구여서 물어볼 생각은 못했는데 그 친구가 소문을 듣고 왔어. 네가 관심 끌려고 일부러 도둑맞지도 않은 책과 깃털을 잃어버린 척했다는 그 소문 말이야."

심각한 얼굴이던 지혜가 조금 얼굴을 폈다.

"그러니 소문이 꼭 나쁜 것만은 아니야. 물론 잘못 퍼져나간 소문 때문에 네가 한참 괴로워하긴 했지만 범인을 알게 됐으니까."

"그렇구나. 그런데 이제 어떻게 하지?"

지은이는 열심히 고개를 끄덕이면서 지혜에게 물었다.

"수선이에게 가서 차근차근 잘 이야기해 보자. 잘 말하면 돌려줄지도 모르잖아."

지혜가 지은이의 팔을 끌었다. 하지만 지은이는 그렇게 생각하지는 않았다. 수선이는 유치원 때부터 알아온 친구였다. 늘 장난도 심하

게 치고 나쁜 말도 많이 해서 점점 더 멀어지게 된 친구였다. 뭔가 수선이와 관련된 좋은 일들도 있었던 것 같지만 잘 생각이 나지 않았다. 지은이는 망설였다. 하지만 지혜는 자꾸만 지은이의 팔을 끌었다. 어쩔 수 없이 지은이는 고개를 갸웃거리며 수선이 앞에 섰다. 마음이 콩닥콩닥 뛰었다.

"수선아. 저, 저기 말이야. 네가 내 마법 책과 깃털을 가져갔다던데 사실이야?"

지은이는 용기를 내어 물어보았다.

"뭐라고? 웃기지 마!"

수선이가 벌떡 일어났다. 주먹을 꽉 쥐고 너무 크게 아니라고 외쳤기 때문에 반 친구들이 모두 수선이를 집중했다.

"네가 그걸 훔쳐 간 걸 본 친구가 있어."

지혜가 작은 소리로 말했다. 하지만 목소리에는 힘이 실려 있었다.

"웃기지 마. 난 그따위 절대 훔쳐가지 않았어."

지은이는 발을 동동 굴렀다. 역시 생각대로였다. 교실 안 친구들은 웅성거리기 시작했고 환희도 가까이 왔다.

"환희, 네가 말해 봐. 내가 그런 거나 훔쳐갈 것 같냐?"

수선이가 환희를 보며 말했다. 환희는 어리둥절한 모습이었다. 지혜가 끼어들었다.

"다른 반 친구가 수선이 네가 훔쳐가는 걸 분명히 봤다고 했어. 그러니까 확실해."

"그 친구가 거짓말하는 것인지 어떻게 알아? 아니, 처음부터 지은이가 관심 끌려고 없어지지도 않은 걸 누가 훔쳐갔다고 했다며?"

수선이가 잘못 퍼져나간 소문을 예로 들며 따지고 들었다. 환희도 어찌할 바를 몰랐고 지은이도 마찬가지였다.

"나는 절대 가져가지 않았어. 그 따위 마법 책과 깃털 관심도 없고. 그 외계에서 온 것 같은 괴물 앵무새도 관심 없다고!"

수선이는 목청 높여 소리 지르기 시작했다. 지은이는 아무 말도 못한 채 입을 다물었다. 수선이는 지은이 아빠를 악당이라고 욕할 때보다 더 심술궂고 사나운 목소리였다.

친구들도 주위에 몰려들었고 모두가 관심 있게 지켜보고 있었다.

"수선이 네가 돌려주기만 하면 지은이는 아마 용서할거야. 사과하고 마법 책과 깃털을 돌려줘."

지혜가 침착하게 말을 했지만 수선이는 듣지 않았다.

"나는 절대 가져가지 않았어. 아빠가 악당이더니 지은이 너도 거짓말만 하냐? 거지 같은 마법 책과 깃털 따위 손도 대지 않았으니까 의심하지 말라고."

수선이가 너무 화를 내서 지은이는 수선이가 진짜 가져가지 않았나 하는 생각까지 들었다. 지은이는 끝내 아무 말도 할 수가 없었다. 마음이 먹구름이 낀 듯 어두웠다. 친구들은 웅성거리며 마법 책 깃털 도둑 사건을 떠들어댔다.

겨우 선생님이 들어오시고 수업이 시작되자 반 분위기는 조용해졌지만 지은이의 머릿속은 뒤죽박죽이었다. 차라리 마법 책과 깃털을 학교에 가져오지 말걸 하고 후회가 되었다. 어떻게 해야 할지 알 수가 없었다. 지은이는 이런 사건이 일어나기 전이 그리웠다. 평화롭게 토토에게서 받은 마법 책에 그림을 그리고 글을 쓰던 일이 먼 옛날 일같이 느껴졌다.

수업을 하다가 지은이는 수선이 쪽을 한번 슬쩍 보았다. 수선이와 눈이 마주쳤다. 하지만 수선이가 휙 고개를 돌려 버렸다.

"웃기지마! 난 그따위 절대 훔쳐가지 않았어."

아까 들었던 화난 수선이의 목소리가 다시 한 번 마음속에 울렸다. 가슴이 콩닥콩닥 방망이질을 시작했다. 정말 큰일이었다. 수업시간 내내 지은이는 마음을 잡기가 힘들었다. 칠판에 선생님이 써 놓은 글씨를 보며 내내 수선이 생각만 하고 있었다. 친구들도 학교가 끝날 때까지 쉬는 시간마다 옹기종기 모여 쑥덕거리기 시작했다. 그래도 다행인 것은 대부분 수선이를 의심한다는 거였다. 학교를 나서는 길에 다시 한 번 수선이와 눈길이 마주쳤다. 수선이는 성난 얼굴로 지은이를 힐끗 노려보더니 냅다 달려가 버렸다.

'어떻게 해야 해. 토토.'

지은이는 갈피를 잡지 못해 괴롭기만 했다.

스토리텔링 활용하기 **친구들 이렇게 해봐**

산을 올라갔다가 다시 내려오는 이야기의 구성

자아, 지은이가 큰 고민에 빠졌지?
범인이 밝혀졌지만 아니라고 우기고 있어. 약간은 복잡해 보이는 이 도둑 사건을 정리해 볼게.
지은이가 마법 책과 깃털을 학교에 가지고 왔지. 이것이 이 도둑 사건의 발단이야. 그리고 내가 와서 아이들에게 친절하게 스토리텔링을 알려 주었잖아. 이것이 도둑 사건의 전개야. 절정은 바로 물건이 없어져 버린 거야. 그리고 결말은 수선이가 범인으로 밝혀진 거야. 아직은 우기고 있지만. 다시 한 번 정리해 볼게

발단 – **전개** – **절정** – **결말**

간단하지? 산을 올라갔다가 내려오는 걸 생각하면 쉬울 거야.

하지만 사건이 크면 클수록, 이야기가 길어질수록 이렇게 나누기가 쉽지가 않은 일이야. 또 이야기가 길어지거나 복잡해지면 위기 부분도 생겨.

사건이 절정 부분에 다다르기 전 아슬아슬해지면서 점점 위험에 빠지는 순간이 다가오는데 그 부분이 바로 위기야.

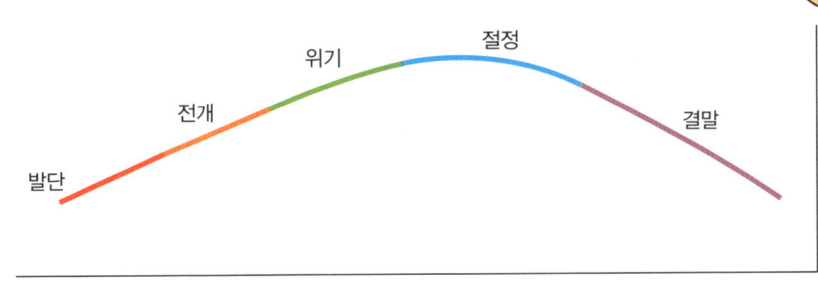

발단 - 전개 - 위기 - 절정 - 결말

나와 지은이가 만나게 된 일을 살펴볼까? 내가 지은이 집에 오고 여러 가지 크고 작은 사건들이 일어났잖아. 스토리 파크와 마법도서관에도 가고 내 일기장을 공개하고 많은 일들이 일어났잖아.

전개 부분이 상당히 긴 것을 알 수가 있어. 그래서 이렇게 긴 이야기는 나누기가 쉽지 않지. 뭐, 걱정할 것은 없어. 책을 많이 읽고 생각을 많이 한다면 점점 더 쉬워질 테니.

그리고 나와 지은이의 이야기는 아직 끝난 게 아니니까 좀 더 살펴봐 줘. 절정과 결말까지 가려면 아직 한참이라고.

만일 이야기의 구성이 뒤죽박죽 엉망이라면 무슨 이야기인지 잘 모를 수가 있어. 제대로 구성하는 힘이 필요해. 너무 많은 이야기를 한꺼번에 쏟아내려고 해서도 안 돼. 작은 짐 가방에 많은 짐을 억지로 넣는다고 생각을 해 봐. 도저히 가방을 닫을 수 없겠지? 차근차근 꼭 필요한 것을 넣는 것처럼 이야기를 구성할 때도 차분히 단계별로 구성하는 것이 좋아. 욕심을 버리고 조바심 내지말자. 처음에는 스토리텔링 구성이 뜻대로 되지 않더라도 포기하지 않는 것도 중요해. 자꾸 연습을 하다보면 어느 순간 짜임새 있는 스토리텔링을 할 수가 있어.

뻔뻔한 욕쟁이

지은이는 자기가 잊고 있었던 일이 생각났다. 수선이에게 마법 책과 깃털을 훔쳐 가면 저주에 걸린다는 이야기를 못한 것이다. 수선이가 너무 화를 내고 바득바득 우기는 바람에 미처 그 이야기는 못하고 말았다.

"으악, 저주에 걸린다는 이야기를 빼먹었네."

지은이는 걱정이 되었다. 수선이는 계속 아니라고 우기고 있었지만 아무래도 수선이를 의심할 수밖에 없었다. 너무 우겨서 혹시 수선이가 가져간 게 아닐지도 모른다고 잠시 생각했다. 하지만 지혜가 분명 옆 반 친구에게 들었다고 했고 지은이도 그 친구를 만나보니 수선이가 가져간 게 확실했다.

"수선이가 저주에 걸려 새장에 갇히면 안 되는데."

지은이는 몸을 떨었다. 그건 무서운 일이었다. 지은이는 얼른 토토에게 물어보았다.

"토토, 누구나 나쁜 마음을 먹을 때도 있고 실수를 할 때도 있잖아. 수선이가 나에게 사과하고 마법 책과 깃털을 돌려준다면 새장에 안 갇힐 수도 있어?"

토토는 지은이 엄마가 가져다준 호박씨를 신나게 먹다가 대답했다.

"그게, 빨리 사과를 하고 반성하지 않으면 힘들어. 수선이가 지금 아니라고 계속 우기고 있잖아. 이런 식으로 계속 우기면 새장에 갇히고 말걸."

토토는 엄마가 가져다준 사과도 먹었다. 오늘따라 엄마는 토토에게 간식을 많이 가져다주었다. 토토는 엄마가 가져다준 피자까지 모조리 다 먹었다.

"토토, 너 그러다가 돼지 앵무새 되겠어."

"크크, 난 마법 앵무새라 살이 안 찌지."

토토는 웃으며 피자를 콕콕 찍어 먹었다.

"아무튼 빨리 수선이가 정신 차리고 사과나 했으면 좋겠다."

지은이는 이런 기대를 품어 보았다. 하지만 기대는 어긋나고 말았다. 수선이가 자꾸만 나쁜 욕이 쓰인 문자메시지를 보냈다. 답장을 안 하고 무시했더니 전화까지 걸어서 나쁜 욕을 하고 끊어버렸다. 수선이는 지은이에게 자꾸만 전화를 걸어왔다. 어쩔 수 없이 지은이는 스마트폰을 꺼 놓았다. 폰을 꺼 놓자 겨우 수선이의 욕에서 해방이 됐나 싶었는데 지은이는 수업시간에 수선이로부터 쪽지를 한 장 받았다.

'사기꾼'

쪽지에는 이렇게 쓰여 있었다. 누가 누구에게 사기를 친다는 것인지 정말 알 수가 없었다. 수선이 쪽을 쳐다볼 용기도 나지 않았다. 답답하고 억울한 기분이 들 뿐이었다. 조금 후에 쪽지를 한 장 더 받았다.

"수선이가 전해주래."

이런 작은 속삭임과 함께 건네받은 쪽지를 지은이는 펴볼 자신이 생기지 않았다. 한참 만에 겨우 펼쳐본 쪽지에는 이렇게 쓰여 있었다.

'너는 사기꾼이야.'

지은이는 한숨이 나왔다. 수업시간 내내 지은이는 수선이에게 쪽지를 받았다. 쪽지는 점점 더 길어지고 있었다.

'이 사기꾼아! 나는 마법 책과 깃털에 손도 대지 않았어. 나를 도둑이라고 의심하다니. 계속 나에 대해 거짓말을 하고 다니면 때려 줄 거야.'

수선이에게서 자꾸만 쪽지가 왔다. 지은이는 수선이에게서 오는 쪽지가 무서웠다.

'내가 도둑이라고 소문내지 마. 네가 친구들한테 관심 끌려고 잃어버리지도 않은 마법 책과 깃털을 도둑맞았다고 거짓말로 지어내는 거잖아.'

더는 쪽지를 받고 싶지 않았다. 지은이는 수선이에 대해서 나쁜 소문은 내지 않았다. 지혜와 함께 수선이 앞에서 한번 물어본 다음 절대 수선이 이야기는 하지 않고 있었다. 폰처럼 꺼 놓을 수도 없고 무서웠다. 지은이는 크게 한숨을 쉬었다.

수업시간에 내내 오는 쪽지에 이어 쉬는 시간엔 수선이가 큰소리로 지은이에 대해 욕하는 것을 들어야 했다. 수선이는 친구들을 모아놓고 자기가 훔치지 않았으며 지은이는 사기꾼에 거짓말쟁이라고 욕을 하였다. 지은이는 수선이의 말을 듣는 친구들의 표정을 살펴보았다. 모두가 욕이 섞인 수선이의 말을 듣기 싫어하는 표정이었다. 지은이도 귀를 막고 싶었다.

"수선이 진짜 욕 잘 한다. 게다가 뻔뻔하기까지 하다."

지혜는 수선이 쪽을 살피다가 지은이를 위로했다. 환희는 지은이와 수선이 중간 쯤 서서 어찌할 바를 모르고 있었다. 지은이는 환희가 자기를 나쁘게 생각할까 봐 걱정이었다. 좋아하는 환희가 자기에 대해 나쁘게 생각한다면 정말 끔찍한 일이었다. 지은이는 환희를 살펴보았다. 하지만 환희는 웃는 얼굴만 없어졌을 뿐 여전히 지은이에게 친절했다. 지은이가 걱정이 되어 한숨을 푹푹 내쉬자 환희가 다가왔다.

"지은아, 걱정하지 마. 수선이가 곧 돌려줄 거야."

지은이는 겨우 안심이 되었다. 하지만 수선이는 잠기지 않는 수돗물처럼 계속 욕을 섞어가며 끝도 없이 지은이에 대한 험담을 늘어놓고 있었다. 아빠에 대해서도 악당이라고 욕을 하더니 지은이에 대해서도 사기꾼이라고 몰아붙이고 있었다. 그 모습이 너무 사납고 무서워 보여서 지은이는 저주에 대한 이야기를 알려 줄 수도 없었다. 저렇게 화를 내고 욕을 하는데 가까이 갔다가는 싸움이 될 것 같았다. 지은이는 계속 커다랗게 들리는 수선이의 목소리가 듣기 싫었다.

결국 쉬는 시간 내내 지은이는 귀를 막고 있었다. 친구들도 욕이 섞인 수선이의 이야기를 듣기 싫어하는 것 같았다. 수선이 주위에 몰려 있던 친구들이 하나둘씩 수선이 곁을 슬그머니 떠나고 있었다.

학교에서 내내 수선이의 쪽지와 커다랗게 욕과 험담을 늘어놓는 소리에 시달리느라 지은이는 너무 피곤했다. 집에 돌아오자마자 지은이는 얼른 자기 방 침대에 몸을 던졌다. 몸이 물에 젖은 솜처럼 푹 쳐진 기분이 들었다.

"으악! 괴로워. 수선이는 도대체 왜 그러는 거야."

아직도 수선이의 욕하던 소리가 귀에 들리는 것 같았고 수업시간 내내 보내온 쪽지가 눈에 어른거렸다. 지은이는 붕붕 머리를 흔들었다. 토토는 어디를 갔는지 모습이 보이지 않았다. 지은이는 이리저리 몸을 뒤척였다. 낮잠이라도 자고 싶었다. 하지만 잠이 오지는 않았다.

"잠을 자고 나면 기분이 좀 나아질지도 몰라."

지은이는 중얼거리면서 이불을 푹 뒤집어썼다.

"얼른 잠이 와라. 얼른 잠이 와라."

지은이는 주문이라도 걸듯 중얼거렸다. 잠이 오지는 않았지만 잠을 자려고 계속 노력했다. 한참을 뒤척인 끝에야 스르륵 눈이 감겼다. 꿈속에서도 지은이는 수선이에게 시달렸다. 수선이가 화난 목소리로 지은이에게 계속 사기꾼 사기꾼 소리를 질렀다. 그리고 수선이는 표창을 던지듯 쪽지를 지은이에게 계속 날렸다. 쪽지가 점점 더 많아져서 지은이의 몸을 하얗게 뒤덮었다. 꿈속에서도 무거운 느낌이 들어서 지은이는 몸을 이리저리 뒤척였다.

집에 돌아온 토토는 낮잠에 빠진 지은이를 발견했다. 지은이는 자면서도 뭐가 괴로운지 몸을 뒤척이고 있었다. 토토는 지은이를 열심히 깨우려고 했다.

"지은아, 지은아. 큰일 났어."

어둠 속에서 토토의 목소리가 들리는 것 같았다. 대답을 하려고 했지만 목소리가 나오지 않았다.

"지은아, 지은아. 얼른 눈을 떠 봐."

눈을 뜨려고 했지만 눈꺼풀이 무거웠다. 토토는 지은이를 열심히 깨웠다. 하지만 깊게 잠이 든 지은이는 쉽게 일어나지 않았다. 톡톡! 토토가 지은이의 머리를 쪼았다.

"아얏, 아파! 토토 너 이게 무슨 짓이야."

그제야 지은이는 벌떡 몸을 일으켰다.

"하도 안 일어나서 할 수가 없었어."

토토는 미안한 얼굴이었다. 지은이는 머리를 쓰다듬었다.

"머리에 구멍 나는 줄 알았잖아. 근데 왜 그래?"

"큰일 났어. 드디어 일이 벌어졌어. 나 지금 마법 감옥에 다녀오는 길이야."

지은이는 눈을 비볐다. 정신이 좀 멍했지만 마법 감옥이라는 말에 간신히 정신을 차렸다.

"마법 감옥이라고?"

"그래, 수선이가 결국 갇히고 말았어."

지은이는 깜짝 놀랐다. 걱정했던 일이 일어나고야 말았다.

"어떻게 해야 해? 토토."

"우선 친구들을 불러와. 같이 가서 어떻게 구해낼 수 있는지 알아보자."

지은이는 이 밉살맞은 수선이 때문에 머리가 터질 것 같았다. 꿈이 생각이 났다. 표창처럼 쪽지를 수도 없이 날리던 수선이의 모습, 계속 사기꾼이라고 소리 지르던 수선이의 모습.

"지은아, 빨리 친구들을 불러와. 시간을 끌면 끌수록 안 좋아."

토토는 서둘렀다. 지은이는 토토가 시키는 대로 환희와 지혜를 집에 불렀다. 그러면서도 수선이가 보낸 쪽지와 욕하던 소리가 내내 머릿속을 떠나지 않고 있었다.

'정말 구해줘야 하나?'

지은이는 고민에 빠졌다. 토토는 지은이의 이런 마음도 모른 채 계속 수선을 피워대고 있었다.

스토리텔링 활용하기

친구들 이렇게 해봐

욕과 험담이 뒤섞인 이야기는 좋은 스토리텔링이 될 수 없어.

주위에는 쓸데없이 욕을 하는 친구들이 많아. 남을 험담하는 나쁜 이야기와 욕은 누구도 듣고 싶지 않겠지. 그런데 욕을 하거나 남의 험담을 하는 것은 습관이 되어버리기도 해. 한번 습관이 되면 잘 고쳐지지도 않아.

이런 게 습관이 붙어 버리면 막상 스토리텔링을 하려고 할 때 나도 모르게 튀어나오는 경우도 생겨. 그러니 생활 속에서 욕보다는 좋은 이야기를 하려고 노력해야 해. 그리고 욕에 대해서 이해를 해야 해. 욕이 다 나쁜 것만은 아니야. 우리나라에는 욕이 많아. 그건 우리나라 사람들이 표현을 풍부하게 하기 때문이야. 하지만 때와 장소를 가려서 해야 해.

나쁜 이야기와 욕을 하지 않는 방법

첫째, 욕이란 건 때와 장소를 가려서 해야 해.

유명한 식당에는 욕쟁이 할머니가 단골손님들에게 욕을 하는 경우가 있어. 이건 친근함의 표시야. 하지만 무턱대고 아무 장소에서나 욕을 한다면 어울리지도 않고 모두가 귀를 막고 싶을 거야.

둘째, 좋은 이야기나 아름다운 낱말을 들었을 경우 메모하기

감동적인 이야기나 좋은 이야기를 들었을 때에 메모하는 습관이 필요해. 또 아름다운 낱말을 들었을 때에도 그냥 지나치지 말고 메모하는 게 좋아. 자신만의 보물 상자에 이런 이야기들이 차곡차곡 쌓이게끔.

우리 친구들이 스토리텔링을 할 때 그림으로 전하는 경우도 있고 글로 전하는 경우가 있잖아. 글로 전할 경우 문단이라는 게 생겨. 문단은 문장이 모여서 된 거야. 그리고 문장은 낱말이 모여서 된 거야. 다시 정리해 줄게.

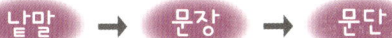

문단은 같은 내용의 글이 모인거야. 과일에 대한 설명 글을 썼다고 해 보자.
귤과 바나나와 수박에 대해서 썼다면 문단은 이렇게 만들어져.

귤에 대한 설명문단   －   바나나에 대한 설명문단   －   수박에 대한 설명문단
↓
과일에 대한 한편의 설명글

그리고 이러한 문단이 모여서 한 편의 글이 완성되는 거야.
이렇게 제대로 짜인 글을 전했을 경우 좋은 스토리텔링이 되는 거야.
그리고 맞춤법이 올바르고 욕이 들어가지 않는다면 더욱 좋겠지. 잘 짜인 글을 전하는 습관을 가지도록 해.

위험에 처한 나쁜 친구

친구들은 심각한 얼굴로 지은이의 집에 모여들었다. 토토는 대장이라도 된 듯 나서서 수선이를 구해 낼 방법을 이야기했다.
"자아, 그곳은 위험한 곳이니까 모두 조심해야 해."
환희도 지혜도 굳은 결심을 한 듯 고개를 끄덕였다. 지은이도 마지못해 고개를 끄덕였다. 아직도 마음속에서는 수선이를 구해 줘야 할지 망설이고 있었다. 토토는 날갯짓을 했다. 파란색 깃털이 바람에 날리듯 부드럽게 뽑혀 공중에 둥실 떠올랐다. 토토는 중얼거렸다.
"신비한 마법의 힘이여. 우리를 마법 감옥에 데려다 주어라."
날개 깃털은 몸을 부르르 한번 떨더니 푸르스름한 불꽃이 번개처럼 번쩍 빛났다. 지은이는 순간 눈앞이 아찔했다. 어지럽다고 느낀 순간 몸이 붕 떠서 밑으로 밑으로 떨어지는 느낌이 났다. 지은이는 두 눈을 꼭 감았다. 한참을 밑으로 떨어져 내렸다. 드디어, 발이 뭔가 딱딱한 곳에 닿았다고 느끼자 지은이는 눈을 떴다. 온통 어두웠다. 깊은 땅속 같이 캄캄한 곳이었다.

"모두 움직이지 마."

토토의 목소리가 들렸다. 그리고 다음 순간 토토의 몸이 밝게 빛나기 시작했다. 마치 등불 같았다. 그제야 지은이와 친구들은 자기들이 떨어진 곳에 모습을 볼 수 있게 되었다. 지은이와 친구들은 아주 좁다란 길 위에 서있었다. 좁은 길이 까마득히 먼 곳까지 이어져 있었다. 조금이라도 발을 헛디디면 옆으로 떨어질 것 같은 위험한 곳이었다. 토토가 앞장을 섰다.

"으, 조심해야겠는데. 지은아! 조심해서 와."

환희가 좁은 길에서 당황하며 머뭇대는 지은이에게 주의를 주었다.

'역시 환희는 참 멋있어.'

지은이는 고마운 생각이 들어 생긋 웃었다.

"모두 떨어지지 않게 조심해. 이곳 마법 감옥은 위험한 곳이니까."

토토도 말했다. 토토의 몸이 밝게 빛나지 않았으면 어두워서 발을 헛디디기 딱 좋은 곳이었다. 지은이도 지혜도 조심스럽게 토토의 뒤를 따라 걸었다. 한참을 걸었다. 좁은 길 아래 낭떠러지 밑에서는 괴상한 동물의 울부짖음도 들려왔다. 지은이는 몸을 오스스 떨었다. 다리도 아팠지만 모두가 열심히 걸어가는데 혼자 멈출 수도 없었다. 게다가 토토는 빠르게 날 수도 있는데 지은이와 친구들 때문에 앞장서서 느릿느릿 가고 있었다. 좁은 길을 따라갈수록 바람도 세차게 불어왔다. 지은이는 몸을 잔뜩 움츠리고 계속 걸었다. 지은이는 슬쩍 환희를 보았다. 환희가 제일 씩씩하게 바람을 맞으며 걷고 있었다. 믿음직했다.

"저길 봐. 저기 있어."

토토가 오랜만에 입을 열었다. 지은이가 고개를 들어보니 저만치 좁은 길이 끝나는 곳에 어른 몸이 하나 들어갈 만한 커다란 새장이 보였다. 그 안에는 수선이가 고개를 푹 숙이고 갇혀 있었다.

"수선이다. 수선아, 수선아!"
 지혜가 큰소리로 먼저 불렀다. 수선이는 그 목소리를 들었는지 고개를 들었다. 얼굴이 핼쑥하게 보였다. 그때 지은이는 새장 안에 갇힌 수선이가 품에 마법 책과 깃털을 꼭 껴안고 있는 것을 보았다.
 '쳇, 안 가져갔다고 우기고 나에게 사기꾼이라고 하더니 자기가 가져가 놓고선. 정말 나쁘잖아.'

"나 좀 여기서 꺼내 줘. 제발! 갑자기 끌려 들어왔단 말이야."

수선이가 울부짖듯 큰소리로 말했다. 지혜도 달려가 문을 당겨 보고 지은이도 문을 당겨 보았지만 굳게 닫힌 새장은 열리지 않았다. 지은이는 문을 당기면서도 수선이의 품에 있는 마법 책과 깃털을 힐끔 내려다보았다.

"빨리 돌려줬으면 좋았잖아."

토토의 목소리였다.

"그런 건 얼마든지 내가 만들어 줄 수 있는 거란 말이야. 왜 훔쳐간 거야."

토토의 목소리는 꼭 친구들을 혼낼 때 선생님 목소리 같았다. 수선이는 다시 고개를 푹 숙였다. 개미만한 목소리로 사과했다.

"미 미안해. 잘못했어. 진짜 잘못했어."

"꼭 큰일을 당해 봐야 정신을 차린다니까."

토토는 새장 꼭대기로 폴짝 날아올랐다.

"이 새장 열기는 정말 어려운 일이야. 만약 못 열게 되면 너는 평생 그 안에 있어야 할 거야. 더 이상 부모님도 못 만나고 친구들도 못 보게 될 걸. 이 안에서 혼자 평생 쓸쓸히 살아야 한다고."

무서운 이야기였다. 수선이도 무서운지 마구 소리 지르며 꺼내달라고 아우성쳤다.

"잘못했단 말이야. 진짜 잘못했어. 용서해 줘. 미안해. 미안하다고."

"토토, 무슨 방법이 없어?"

지혜가 걱정스러워 하며 물었다.

"방법이 있긴 하지만 쉬운 일은 아니야."

토토는 뭔가 골똘히 생각하는 눈치였다.

"지혜라면 가능할 거야. 제일 잘할지도 몰라. 아니다. 여기 있는 모두가 해 봐. 그러면 분명히 새장 문을 열 수 있을 거야."

지은이는 도대체 지혜가 제일 잘하는 일이 뭘까 생각해 보았다. 번개같이 생각이 떠올랐다.

"토토야, 혹시 스토리텔링을 하는 거야?"

"그래, 지은아. 이야기를 만들어도 좋고 어디선가 들었던 이야기를 펼쳐도 돼. 듣는 사람의 마음을 움직일 수 있는 이야기라면 이 새장 문은 열릴 거야."

하지만 지은이는 별로 수선이를 위해 힘쓰고 싶지는 않았다. 자기를 괴롭히고 거짓말까지 한 친구였다.

"난 수선이를 위해 별로 힘쓰고 싶지 않아."

지은이는 저도 모르게 이렇게 말해 버렸다. 새장 안의 수선이가 깜짝 놀랐다.

"지 지은아, 잘못했어. 처음엔 그냥 장난으로 마법 책과 깃털을 훔쳐간 거야. 너무 신기한 걸 너만 갖고 있으니까. 좀 골려 주려고. 나중에 돌려줄 생각도 했었어. 진짜야."

수선이는 새장 사이로 마법 책과 깃털을 내밀었다.

"자아, 돌려줄게. 정말 미안해."

지은이는 마법 책과 깃털을 받았다.

"그래도 난 네가 보낸 쪽지들과 네가 반 친구들에게 했던 거짓말이 자꾸만 생각나는걸."

수선이는 눈물이 그렁그렁 달린 눈으로 지은이를 바라보았다. 지은이는 마음이 흔들렸다. 하지만 그래도 쉽게 용서해 주고 싶지는 않았다. 지은이는 고개를 저었다.

"그럼 지은이는 빼고 환희와 지혜만 해 볼래?"

토토의 말에 환희와 지혜가 그렇게 하겠다고 고개를 끄덕였다.

"빨리 하는 게 좋을 거야. 시간이 흐르면 흐를수록 이 새장의 문은 더욱 단단해져서 열기가 힘드니까."

지은이는 수선이가 돌려준 마법 책과 깃털을 손에 들고 환희와 지혜의 얼굴을 보았다. 그리고 새장 안에 갇힌 수선이의 얼굴도 보았다. 겁에 질린 수선이는 너무 불쌍해 보였다.

'하지만 쉽게 용서해 줄 수는 없어.'

지은이는 또 한 번 이렇게 생각하며 돌려받은 마법 책과 깃털을 가슴에 꼭 안았다.

스토리텔링 활용하기 — 친구들 이렇게 해봐

새장의 문을 열 수 있도록 이야기를 펼쳐 봐

드디어, 새장 안에 갇힌 수선이를 만났어. 이야기가 새장의 문을 열 수 있는 열쇠라니 참 신기하지?

난 지은이의 마음이 이해가 가. 그렇게 괴롭힘을 당했으니까 수선이를 돕고 싶지 않겠지. 그럼 지혜와 환희에게 기대를 할 수밖에. 어떤 이야기를 펼쳐서 새장을 열 수 있을까? 벌써부터 기대가 되는군.

그럼 좋은 이야기를 펼치는 자세에 대해서 알아보자고.

첫째, 여러 가지 방법으로 이야기하기.

네가 가진 이야기를 표현하는 방법은 여러 가지야. 무지갯빛 깃털처럼 여러 가지 표현방법이 있어. 만화나 그림으로 그려도 좋고 생활문을 써도 좋고 동화를 만들어도 돼. 설명문이나 논설문도 가능하지. 음악도 가능하고 신문기사도 되고. 한 가지로만 해 보지 말고 다양한 방법을 이용해 보는 거야.

둘째, 두려워하지 말고 자신감을 가지자.

다른 사람이 보거나 들어서 재미없을까봐 떨지도 말고 두려워하지도 말아. 다른 사람의 시선을 두려워하지 않는 자신감이 필요해.

그저 이야기의 재료를 선택하고 어떤 방법으로 표현할까만 생각하면 돼. 자신감을 가지고 연습을 하다 보면 꼭 열쇠를 찾게 되는 거야.

그럼 새장 문이 열릴지 안 열릴지 지켜보자고. 힘내라고 응원을 하면서 말이야. 수선이는 심술궂은 일을 하긴 했지만 저렇게 계속 새장 속에 있어서는 너무 불쌍하니까.

셋째, 이야기를 성공적으로 펼칠 수 있다는 상상을 하자.
스토리텔링을 할 때 실패한다는 생각은 절대 갖지 말자. 머릿속에 실패할 거란 생각이 가득하다면 마음이 우울하고 불안하게 돼. 그러면 더욱 떨리고 생각대로 실패하게 되는 거야. 하지만 성공을 예상하면 주눅 들지 않고 제대로 해낼 수가 있어. 이야기를 성공적으로 펼치는 자신의 모습을 상상해 봐.
만약 너무 자신이 없다면 거울 앞에서 혼자 이야기를 펼쳐 보는 것도 좋아. 거울에 비친 자기 자신에게 말을 걸어 보는 것도 연습이 돼. 상상과 연습은 항상 좋은 스승이야. 그러니 상상하고 연습하는 일을 게을리 해서는 안 돼.

넷째, 내가 좋아하는 이야기를 펼치자.
누구나 좋아하는 분야가 달라. 모험이야기를 좋아하기도 하고 눈물이 톡 떨어지는 슬픈 이야기를 좋아하기도 해. 내가 좋아하는 이야기를 펼쳐야 가장 잘할 수가 있어. 처음부터 실력을 늘리겠다고 하고 싶지 않은 이야기를 억지로 펼치거나 자신이 잘 모르는 이야기를 하려고 한다면 너무 어려운 길을 가는 거야. 자기가 좋아하는 이야기를 고르는 것이 가장 현명해.

열릴 때까지 계속 계속!

"누가 먼저 할래?"

토토가 생각에 잠긴 지혜와 환희를 둘러보며 말했다. 둘 다 머뭇거렸다. 토토는 환희에게 눈길을 돌렸다.

"환희! 네가 먼저 해 보는 게 어때?"

"무슨 이야기를 해야 할지 모르겠어."

환희는 고민에 빠진 것 같았다. 토토는 환희의 어깨로 날아갔다.

"걱정하지 말고 쉽게 생각해봐. 친근한 이야기로 시작해 봐."

"친근한 이야기라……."

환희는 결심을 한 듯 앞으로 나섰다.

"좋아. 해 볼게."

지은이는 좋아하는 환희가 어떤 이야기를 펼칠까 궁금해 하며 귀를 기울였다.

"새장아, 들어 봐. 수선이는 나와 같은 학원에 다녀. 나쁜 아이가 아니야. 물론 지은이의 마법 책과 깃털을 훔친 것은 잘못했지만 지금은 반성하고 있잖아. 그러니까 새장아, 문을 열어 줘. 수선이를 풀어 줘."

불이 켜지듯 새장은 잠깐 밝게 빛이 났다. 환희는 새장 문을 당겨 보았지만 문은 열리지 않았다.

"아아, 실패인가 봐."

"그래, 환희야. 잘했어. 하지만 부족한 점이 있어. 바로 열정이야."

"열정이 부족하다고?"

"그래, 듣는 사람의 마음을 감동하게 할만한 열정이 부족했어. 네가 심드렁하게 이야기한다면 듣는 사람도 그저 그렇게 반응하는 거야. 그러니까 새장도 안 열릴 수밖에 없어."

환희는 토토의 이야기에 귀를 기울였다.

"다시 한 번 해 볼까?"

수선이는 잔뜩 기대에 찬 눈으로 환희를 보았다. 수선이가 중얼거렸다.

"환희야. 부탁해."

지은이도 마음속으로 환희를 응원했다.

'힘내. 환희야.'

환희는 목을 가다듬고 다시 나섰다. 아까보다는 목소리도 컸고 눈도 반짝 빛나는 듯했다.

"새장아, 들어 봐. 수선이와 나는 같이 학원도 다녀. 수선이는 나쁜 친구는 절대 아니야. 전에 학원가는 길에 비를 맞은 고양이를 발견한 적이 있었는데 수선이가 집에 데려가서 잘 돌봐 준 일도 있어. 그대로 내버려 뒀으면 비를 맞고 죽어 버렸을지 몰라. 물론 지은이의 마법 책과 깃털을 훔친 것은 잘못했지만 지금은 반성하고 있잖아. 그러니까 새장아, 문을 열어 줘. 수선이를 풀어 줘."

새장은 다시 밝게 빛났다. 새장 문을 당겨보자 아까는 접착제를 붙여놓은 듯 꼼짝 않던 새장 문이 조금 덜커덩거렸다.

"어라? 이거 좀 효과가 있는 건가?"

환희가 물었다. 토토가 대답을 했다.

"그래, 반응을 보이네. 하지만 좀 더 이야기를 펼쳐 놓아야 해. 힘을 내 보자."

지혜가 나섰다.

"이번에는 내가 해 볼게."

환희는 덜컹거리는 새장 문을 몇 번 더 당겨보더니 이렇게 말했다.

"지혜가 해도 안 열리면 내가 다시 해 볼게. 어떻게 해서든 수선이를 꺼내야 하잖아."

환희는 싱긋 웃었다. 지은이는 마음이 어두웠다. 모두가 수선이를 꺼내려고 힘을 합치는데 혼자만 구경하는 것 같아서 안타까웠다. 게다가 좋아하는 환희가 이렇게 애를 쓰는데. 하지만 지은이는 수선이가 보냈던 쪽지와 쉬는 시간에 친구들한테 하던 욕을 생각하며 가만히 있었다. 한편으로는 지혜와 환희가 성공하길 바라면서.

스토리텔링 활용하기 — 친구들 이렇게 해봐

이야기에는 마음에서 우러나오는 열정이 필요해

이야기를 펼치는 데에는 다양한 방법이 있었지? 그런데 어떤 이야기든 이야기에 열정이 담겨져 있지 않으면 아무런 소용이 없어.

아마 우리 친구들은 갖고 싶은 선물이나 물건이 있을 거야. 그걸 사달라고 부모님께 조를 때 그냥 "이거 사줘." 하는 거보다는 왜 필요한지 그걸 어떻게 사용할건지 자세히 이야기하는 게 좋겠지. 이런 노력도 다 열정이 담겨 있는 거야. 열정이 담기지 않으면 이야기는 재미도 없어.

열정이 담긴 이야기의 중요성을 생각해 보자. **이야기의 열정은 단단히 닫힌 마음을 느슨하게 해.** 따스한 햇살이 눈을 녹이듯이 열정은 마음의 문을 열어 줘. 그래서 우리는 열정을 담아서 이야기해야 하는 거야. **내가 심드렁하게 이야기하면 듣는 사람도 그렇게 반응해.** 내가 힘을 다해 이야기 하지 않고 대충 성의 없이 이야기하면 듣는 사람도 그렇게 반응해.

스스로 책임감과 열의를 느끼지 못한다면 도대체 어느 누가 관심을 가지겠어? 내가 관심 쏟는 일에 다른 사람을 끌어들이는 것, 그것이 열정이야.

꼭 기억해 둬. 스토리텔링으로 마음을 움직이려면 열정이 필요하니까.

열정적인 이야기꾼이 되려면 어떻게 해야 할까?

첫째, 부정적인 예상을 버려야 해.
내 이야기는 다른 사람의 마음에 아무런 감동을 주지 못하고 변화시키지 못할 거라는 생각을 버려야 해. 부정적인 예상을 버린다면 훨씬 더 열정적인 이야기를 펼칠 수가 있어.

둘째, 많은 지식과 정보를 가지고 있으면 도움이 돼.
보물 창고 같은 지식과 정보는 열정적인 이야기를 펼치는 데 중요해. 평소에 알고 있는 지식이 중요한 순간에 빛을 발할 수 있는 거야. 그러니 지식과 정보를 차곡차곡 쌓아두도록 하자.

셋째, 열정적인 마음만 앞세우지는 말자.
너무 마음이 앞서서 이야기를 풀어놓다 보면 실수를 할 수가 있어. 열정적인 마음을 가다듬어 이치에 맞는 이야기를 풀어 나갈 수 있어야 해. 감정을 조절할 수 있는 능력을 길러야 하는 거야.

넷째, 듣는 사람의 입장도 생각해 보는 넓은 마음을 가지자.
이야기를 펼치기 전에 내가 이야기를 듣는 입장이라면 어떨까? 한번쯤 생각해 보는 것이 좋아. 이런 마음을 가지기 위해서는 평소 친구의 생활경험담을 들어본다든지 친구의 이야기를 많이 들어보는 것이 좋아.

눈이 부시게 빛나는 새장

"나는 이야기를 논리적으로 해 볼게."

지혜였다. 토토는 다시 새장 꼭대기로 올라가 앉았다.

"논리적인 이야기?"

지혜가 고개를 끄덕였다. 그 순간 차가운 바람이 불어와 지은이와 친구들은 몸을 움츠렸다. 몸이 얼어붙을 듯 차가웠다.

"그래, 감성적인 이야기도 좋지만 논리적인 이야기도 도움이 될 수 있을 거야."

토토가 잔뜩 기대에 찬 눈빛이었다. 지혜는 새장 가까이 갔다.

"주위에는 항상 친구를 괴롭히는 일이 많이 생기고는 해. 이유가 뭘까? 자기와 다른 점이 있는데 그걸 이해하지 않아서 괴롭히게 되는 거야. 이 친구는 나와 다르게 몸이 뚱뚱해. 나보다 공부를 못해. 나보다 기운이 약해. 이런 다른 점을 이해해 주지 않고 약점으로 삼아 괴롭히거나 따돌리는 일이 생기지. 다른 점을 받아들이고 남의 입장을 생각한다면 친구를 괴롭히는 일은 줄어들 거야. 수선이도 친구를 괴롭히는 일을 많이 했어. 하지만 반성을 하고 있고 앞으로는 그러지 않으리라고 생각해."

새장이 다시 밝게 빛났다. 덜컹덜컹 소리가 나더니 살짝 틈이 벌어졌다. 환희가 다시 문을 당겨보았지만 열리지는 않았다.

"논리적인 이야기는 힘드네. 다른 방식으로 이야기해 볼까?"

지혜는 이야기를 했다.

"수선이는 유치원 때부터 알고 지냈고 장난이 심한 친구였어. 나도 괴롭힘을 당했지만 지은이도 놀림을 많이 받았어."

지은이는 문득 생각이 났다. 유치원 때의 일이 떠올랐다. 수선이는 장난꾸러기였다.

"언젠가 지은이가 시소를 타다가 무릎을 다친 일이 있었어. 울고 난리도 아니었어. 그때 항상 우리를 괴롭히던 수선이가 선생님도 불러와 주었고 지은이 무릎에 피나는 거 보고는 빨리 나으라고 호오 불어주었어. 난 그때 수선이가 그리 나쁜 친구가 아니라는 걸 알았어. 수선이는 물론 잘못했지만 지금은 반성을 하고 있으니 문을 열어 줘 새장아."

새장은 조용했다. 잠시 후 덜컹거리는 소리가 났다. 밝은 빛과 함께 살짝 벌어졌던 틈이 조금 더 넓어졌다.

수선이는 그 작은 틈으로 몸을 빼내려고 했지만 틈이 너무 좁아서 나올 수는 없었다. 지은이는 수선이가 몸을 빼내려고 애쓰는 걸 보면서 생각했다. 생일잔치를 했을 때 수선이가 축하노래를 제일 큰소리로 불러주던 일이 있었다. 얼마나 큰 목소리로 불렀는지 유치원 선생님이 수선이는 커서 가수 될 거냐고 묻기도 했다. 지혜가 말했던 대로 수선이가 자길 도와줬던 일도 생각났다. 장난은 심하게 쳤지만 늘 금방 사과를 했다. 잘 기억이 안 나던 일들이 하나둘씩 떠올랐다. 그때 시소를 타다가 다쳤을 때 빨리 나으라고 호오 불어 주었던 기억도 생생히 떠올랐다. 놀다가 지은이가 다치면 수선이가 제일 먼저 달려와 주었다.

"빨리 나아라. 지은아."

유치원 때의 수선이 목소리도 기

억이 났다. 더는 가만히 있을 수 없었다.

"나도 이야기를 할게. 토토 만화로 그려도 돼?"

지은이는 돌려받은 마법 책과 깃털을 흔들며 물었다. 토토는 기다렸다는 듯 지은이에게 그러라고 했다. 지은이는 마법 책과 깃털을 들고 잠시 생각한 후에 만화를 그렸다. 모두 지은이를 보고 있었다. 신경이 쓰였지만 지은이는 열심히 그렸다. 손을 재빨리 움직였다. 지은이는 마법 책을 높이 들고 크게 외쳤다.

"움직여라 마법의 힘이여."

만화가 공중으로 떠올라 움직이기 시작했다. 작은 천사 날개를 단 아이가 시소 옆에 주저앉아 울고 있는 여자 아이를 달래주고 있었다. 피가 나는 무릎을 호오- 하고 불어주기도 했다. 아름다운 음악소리도 들렸다.

만화는 계속 움직였다. 어느덧 작은 천사 날개를 가진 아이의 날개가 떨어져 버렸다. 머리에는 커다란 악마 뿔이 솟구쳐 돋아나기 시작했다. 그 아이는 심술궂은 눈빛을 하고 마법 책과 깃털을 훔치고 있었다. 끝내는 새장 안에 갇혀 괴로워했다. 지은이가 말 주머니 안에 '미안해, 잘못했어.' 라고 써 놓자 소리가 되어 흘러나왔다.

"미안해. 잘못했어."

악마 뿔이 달린 아이는 계속 사과를 하고 있었다. 지은이는 잠시 생각을 하다가 마법 책에 자기 얼굴을 그렸다. 말 주머니 안에 글을 써 넣었고 크게 외쳤다.

"움직여라 마법의 힘이여!"

공중에 지은이의 얼굴이 떠올랐다. 말 주머니에 써 넣은 글은 역시 목소리가 되어 흘러나왔다.
　"너를 용서해 줄게."
　그 순간이었다. 새장은 밝은 빛을 내뿜기 시작했다. 눈앞이 환하게 밝아졌다. 오스스 추위가 느껴졌던 주위는 따스한 기운이 넘쳐흘렀다. 살짝 벌어졌던 새장문은 아름다운 음악소리와 함께 활짝 열렸다.
　새장 문이 열리자 수선이가 얼른 밖으로 나왔다. 수선이가 나오자 새장은 안개에 휩싸이듯 차차 사라져 갔다.
　"이야, 잘 됐다."
　지혜가 기뻐하며 소리를 질렀다. 환희도 웃으며 수선이를 맞아 주었다. 토토는 신이 나서 아이들 머리 위로 한 바퀴 휘익 날았다.
　"성공이다. 성공!"
　지은이도 기뻐서 생긋 웃었다. 수선이가 지은이 쪽을 보았다. 고맙다는 얼굴이었다.

"자아, 이제 돌아가 볼까."

토토가 어느 틈에 지은이 머리 꼭대기에 앉아 밝은 목소리로 이야기했다.

"그래, 그러자 토토. 돌아가자."

지은이와 친구들은 웃으며 토토가 날갯짓하는 것을 보았다. 기쁜 마음이 가득 차 지은이는 하늘로 날아가고 싶은 기분이었다.

스토리텔링 활용하기 — 친구들 이렇게 해봐

똑같은 이야기라도 논리적인 방식과 감성적인 방식으로 다르게 표현할 수 있어

유치원 때 있었던 이야기를 지혜는 이야기로 풀어냈고, 지은이는 만화로 풀어냈어. 두 가지 다 관심을 끄는 데 성공했지. 이렇게 이야기는 여러 가지 방식으로 풀어낼 수가 있어. 그런데 지혜가 처음에는 이야기를 논리적으로 하려고 했잖아. 무척 좋은 시도야.
이야기는 감성적인 이야기로 풀어도 되고 논리적으로 풀어도 되거든. 전달하고 싶은 메시지를 논리적이고 설득력 있는 이야기로 풀어내는 방법과 감성에 기대는 호소력 있는 이야기로 풀어내는 방법이 있어.

논리적인 이야기와 감성적인 이야기의 차이점을 좀 알아볼까?

- **논리적인 이야기**
  실제 사실이 어떻다는 것에 초점을 맞추고 거기에 자신의 의견을 덧붙이는 게 논리적인 이야기 방식이야.

- **감성적인 이야기**
  자기 자신의 느낌과 생각에 초점을 맞추는 게 감성적인 이야기 방식이야.

컴퓨터 게임을 예로 들어 볼게.
"나는 이 게임이 좋아. 게임에서 뭘 할 때가 가장 재미있었어."라고 말하면 감성적인 이야기 방식이야. 이와는 다르게 컴퓨터 게임의 좋은 점과 나쁜 점을 나누고 거기에 자기주장과 의견을 쓴다면 논리적인 이야기 방식이야. 별로 어렵지 않지?
정말 다행한 일이야. 우리 친구들이 힘을 내서 감동적인 이야기로 새장 문을 열었으니까. 수선이가 새장을 무사히 탈출하게 되었으니 우리 모두 축하해 주자고.

논리적인 이야기와 감성적인 이야기 모두 판단력이 필요해.
논리적인 스토리텔링은 이것이 올바른 가치관을 가진 것인지 우선 판단해야 해. 존중할 만큼 논리가 올바른지 가치관이 바른 이야기인지도 살펴야 해.
논리적인 스토리텔링은 주제에 맞게 근거를 들어서 이야기하는 방식이야. 따라서 문제를 해결할 수 있는 가장 근본적인 방안을 찾는 것이 중요해. 또 스스로에 대한 믿음과 이야기를 잘 풀어 나가겠다는 결단력도 꼭 필요해.
그러나 목소리를 높여 자기 의견만 주장하는 이기적인 스토리텔링이 되어서는 안 돼. 되도록 간결하게 표현하고 원인과 결과를 잘 드러내는 능력을 갖추어야 해.

감성적인 스토리텔링이라고 해서 무조건 감성에만 기대는 것도 아니야. 외롭고 슬픈 이야기를 줄줄 늘어놓는다고 해서 다른 사람의 마음을 움직일 수는 없어. 공감할 수 있는 부분이 있어야만 해. 그러려면 이 이야기가 다른 사람도 고개를 끄덕일 만한 부분이 있는지 판단할 수 있어야 하는 거야. 또 감성적인 이야기라고 해서 너무 과장하거나 전혀 앞뒤가 맞지 않는 이야기도 곤란해. 감성적인 스토리텔링도 어느 정도 틀을 갖추고 있어야 해. 그리고 너무 많은 감정을 한꺼번에 쏟아내면 오히려 공감대가 적어질 수도 있으니 주의해야 해.

우리 모두의 천사

졸린 햇살이 쏟아지는 날이었다. 지은이는 눈을 깜박이며 선생님 말씀에 귀를 기울이고 있었다. 수선이가 무사히 돌아오고 나서 며칠 후의 일이었다.

수선이는 용감하게도 반 친구들 앞에서 자기가 한 일을 고백했다. 반 친구 모두에게 그동안 지은이의 나쁜 소문을 이용해서 자기에게 유리하게 이야기하고 지은이의 험담을 늘어놓았던 것을 사과했다. 반 친구들은 수선이에게 박수를 쳐 주었지만 그 순간뿐이었다. 반 친구들은 지은이가 이건 좀 곤란한데 하는 생각이 들 정도로 수선이를 멀리하고 있었다. 쉬는 시간이 되어도 수선이에게 가까이 다가가는 친구는 환희뿐이었다. 체육시간이 되어 운동회 연습을 할 때에도 수선이와 같이 팀을 이루려는 친구들이 없었다. 지은이는 용서했는데 반 친구들은 아직도 수선이가 했던 험담들과 욕을 기억하는 것 같았다.

지은이는 수선이를 돕고 싶었다. 마침 지혜도 같은 생각을 하는 것 같았다.

"친구들이 수선이를 미워하는 것 같아. 어떻게 도울 방법이 없을까?"

"나도 그 생각을 했어. 토토에게 물어볼게."

지은이는 아직도 마법 감옥에서의 일이 좀 미안했다. 처음부터 수선이를 구하려고 나서지 않고 맨 마지막에 도움의 손길을 준 게 미안했다.

"토토야, 반 친구들이 아직도 수선이를 나쁘게 생각하고 있어. 어떻게 도울 방법이 없을까?"

"그건 이미지를 바꾸지 못해서야.

"이미지?"

지은이가 물었다.

"그래, 물건이든 사람이든 이미지라는 게 있어. 한번 정해진 이미지는 바꾸기 쉽지 않거든. 자아, 생각을 해봐. 천사와 악마를 떠올려 봐. 머릿속에 떠오르는 게 있지? 그게 바로 이미지야."

지은이는 생각을 해보았다. 이미지가 뭔지 확실히 알 수 있었다.

"그럼 어떻게 해야 이미지를 바꿀 수 있어?"

"쉬운 일은 아니야. 꾸준히 노력해야 해. 지금 수선이는 자기 잘못을 고백하고 반 친구들 앞에서 사과도 한 거지? 그래도 친구들은 아직 수선이가 좋은 지 나쁜지 헛갈리는 상태야. 그러니까 좋은 일을 많이 해서 '확실히 좋은 쪽이다!'라는 생각을 심어 줘야 해. 이를테면 봉사활동 같은 거."

"그렇구나. 수선이에게도 알려 줄게."

지은이는 학교에서 수선이를 만나자 토토의 말을 전해 주었다. 수선이는 지은이에게 고맙다고 했다. 그날부터 수선이는 반에서 하는 모든 일에 앞장을 섰다. 당번이 아닌데도 남아서 청소를 했고 체육시간이 끝난 후 남아 있는 비품을 정리했다. 굴러다니는 공도 먼저 집어서 정리하고 이어달리기 연습을 하느라 여기저기 널려 있는 바통도 제대로 정리했다. 학교에서뿐만이 아니었다. 수선이는 할아버지, 할머니들이 계신 양로원에 가서 봉사활동을 했다. 지은이와 환희, 지혜도 수선이를 쫓아 양로원에 갔다. 지은이는 수선이가 봉사활동을 하는 모습을 사진 찍었다. 포스터에 그 사진을 붙이고 짧은 설명을 덧붙여서 교실에 붙여 놓았다. 마치 선거 포스터 같았다.

"헤헤, 이 정도면 됐으려나."

지은이는 만족한 웃음을 띠며 자기가 만든 포스터를 슬쩍 만져 보았다. 지혜가 칭찬을 했다.
"진짜 잘 만들었는걸."
수선이는 포스터를 보고 얼굴이 빨개졌다. 부끄러운 것 같았다.
"아빠가 악당이라고 놀린 거 미안해. 그리고 마법 책과 깃털 훔쳐갔던 것도 다시 사과할게."
마치 사과를 하는 자동인형처럼 수선이는 계속 미안해했다.
"수선아, 이제 그만해."
지은이는 속으로 생각했다.
'네 마음은 충분히 알았다고. 자꾸 사과하니까 내가 더 미안해지잖아.'

지은이 볼도 빨갛게 물들었다. 포스터를 붙이고 수선이가 계속 반을 위해서 일하자 친구들은 서서히 수선이에게 가까이 다가오고 있었다. 이제는 쉬는 시간이 되어도 피하지 않고 수선이 곁에 몰려들었다.

지은이는 신문도 만들어서 수선이의 일을 알렸다. 자기가 할 수 있는 모든 방법을 동원해서 수선이의 변화를 알리고 싶었다.

점점 더 수선이의 이미지가 좋은 쪽으로 바뀌었다. 하루는 체육시간이 되어 운동회에서 할 이어달리기 연습을 본격적으로 시작했다. 선생님이 우선 팀을 정하자고 했다. 선생님은 잘 달리는 친구들 몇몇을 앞으로 불러내었다. 그리고 같은 팀으로 달릴 친구를 뽑으라고 했다. 수선이는 인기폭발이었다. 원래부터 잘 달리는데다가 요즈음 반 친구들은 수선이를 모두 좋아하고 있었다. 반 친구들 누구나 수선이와 한 팀이 되려고 손을 번쩍 들었다. 선생님은 곤란한 듯 웃으시며 수선이에게 고르기 힘들겠다고 하셨다. 수선이는 망설이지도 않았고 곧바로 말을 했다.

"환희하고 지혜하고 그리고."

수선이는 잠시 뜸을 들였다.

"지은이하고 같은 팀이 되고 싶어요."

지은이는 깜짝 놀랐다. 반 친구들이 너도나도 손을 들어서 지은이는 손조차 들지 않고 있었다. 게다가 지은이는 정말 달리기에 자신이 없었다. 운동을 하는 것은 좋아했지만 달리기는 늘 꼴찌였다. 몸이 뚱뚱해서 굴러다니는 것 같이 보이는 지혜보다도 훨씬 못 달렸다. 그래도 수선이가 뽑아줘서 기쁜 마음이 들었다. 환희도 같은 팀이고 지은이는 슬쩍 웃음을 머금었다. 지혜가 지은이 옆에 다가왔다. 지혜는 뱅글뱅글 돌아가는 안경 속에 눈을 반짝이며 말했다.

"아아! 큰일이다. 나 진짜 못 달리는데."

"그래도 우리 팀에 환희랑 수선이가 있잖아. 우리 둘이 문제야."

지은이는 이왕 수선이가 뽑아 주었는데 잘 달리고 싶었다.

이어달리기 연습시간마다 지은이는 온 힘을 다했다. 하지만 실수를 하고 말았다. 급한 마음에 수선이가 채 잡기도 전에 바통을 놓아 버렸다. 툭! 바통이 땅에 떨어졌다. 수선이가 재빨리 집어서 달리기 시작했다. 너무 미안한 순간이었다. 수선이가 지혜에게 바통을 정확히 건넸지만 지혜는 중간쯤에서 쿵 넘어졌다. 지혜는 곧 벌떡 일어나 달렸다. 그러나 이미 옆 팀에 한참 뒤처지고 말았다. 마지막으로 달린 환희도 옆 팀을 따라 잡을 수가 없었다.

"으아! 엉망이었어."

지은이는 토토에게 이어달리기 이야기를 하면서 호들갑을 떨었다.

"그래서 포기할 거야?"

"아니야, 계속 연습을 해야지. 바통도 잘 건네주도록 하고."

지은이는 주먹을 불끈 쥐고 외쳤다. 토토도 힘껏 고개를 끄덕였다.

스토리텔링 활용하기 **친구들 이렇게 해봐**

스토리텔링은 이미지로 전달할 수도 있어.

물건이든 사람이든 이미지를 가지고 있어. 수선이의 이미지는 욕 많이 하고 험담하는 나쁜 이미지였는데 꾸준한 노력으로 바뀌게 되었지. 그래서 모두가 수선이와 같은 팀이 되고 싶어 했잖아.

꽃이 잔뜩 핀 아름다운 정원을 생각해 봐. 싱그러운 향기까지도 전달되는 느낌이지. 어떤 느낌을 받았을 때 그게 마음속에 그려지는 이미지야. 음악도 신나고 즐거운 이미지의 음악도 있고 자장가처럼 편안한 이미지의 음악이 있잖아.

요즈음에는 물건을 파는 기업들도 물건에 좋은 이미지를 넣어 스토리텔링을 하려고 노력 중이야. 물건뿐만 아니라 사람도 마찬가지야. 인기 있고 주목 받고 싶으면 어떤 이미지가 필요해. 성실한 친구, 착한 친구, 거짓말을 안 하는 친구.

흔히 선거에서도 이런 이미지를 많이 이용해. 회장선거를 할 때 뚜렷한 이미지가 있으면 도움이 되겠지. 남을 돕는 친구, 남의 의견을 잘 듣는 친구.

이런 이미지는 사진이나 그림만으로 표현이 되기도 하고 옆에 짧은 글을 함께 넣어서 표현이 되기도 해. 남의 의견을 잘 듣는 친구라는 짧은 글과 함께 귀를 아주 당나귀 귀처럼 크게 그린다면 눈길을 확 끌겠지.

그럼 친구들에게 좋은 이미지를 주려면 어떻게 해야 할까?

첫째, 이미지를 가꾸려는 꾸준한 노력이 필요해.

수선이도 나쁜 이미지를 바꾸기 위해 열심히 노력했잖아. 노력만큼 훌륭한 방법은 없어. 친구들을 돕는 성실한 노력으로 나쁜 이미지를 바꿀 수 있어. 이미지를 가꾸려면 한 번 좋은 일을 하고 마는 게 아니라 꾸준히 하는 게 좋아. 학급을 위해서 귀찮은 일을 도맡아 하기로 했으면 꾸준한 모습을 보여 줘. 꾸준한 노력이 좋은 이미지를 만들어 줘.

둘째, 자신의 장점이 무엇인지 알릴 수 있는 이미지를 선택하는 거야.
지은이가 수선이를 위해 포스터를 만들어 줬지. 이런 식으로 좋은 이미지를 만들고 알릴 수가 있어. 흔히 광고는 이런 이미지를 알리기 위해서 사용하고 있어. 나의 장점이 무엇인지 잘 알리고 대표할 수 있는 이미지를 선택하고 알리는 거야. 이렇게 다른 친구들에게 나의 장점을 확실히 알리고 기억시킨다면 이미지 만들기에 성공하는 거야.

셋째, 이미지라는 건 만들어지기도 하지만 있는 그대로 드러나기도 하니까 열린 마음을 가져야 해.
혹시 내 이미지가 나쁘다고 해서 포기하지 말고 열린 마음을 가져 봐. 책을 읽어 보고 음악도 들어 보는 거야. 바다나 산에 놀러가거나 박물관에도 가 보는 거야. 책을 읽는 간접 경험뿐만 아니라 여러 가지 체험 등도 나의 지식을 풍요롭게 하고 나아가서는 내 이미지를 바꾸는 데도 도움이 돼. 인상이라는 말이 있지? 책을 많이 읽거나 생각을 많이 한 친구들은 그런 경험이 인상에 그대로 드러나기도 해. 그러니 열린 마음을 가지고 여러 가지 경험을 쌓도록 해.

두근두근 이어달리기

지은이는 요즘 매일 운동 중이었다. 아침에 일찍 일어나서 체조도 했다. 토토는 체조를 하는 지은이 머리 위에 올라가 기쁜 듯이 날갯짓을 하기도 했다. 아빠를 따라 등산을 가기도 했고 가족끼리 갯벌 체험을 가기도 했다. 산에서 맑은 공기를 마시는 일과 넓게 펼쳐진 바다를 보는 일은 즐거웠다. 몸도 마음도 튼튼해지는 기분이었다. 그럴 때 토토도 늘 따라왔다.

지혜도 틈이 날 때마다 운동을 한다고 했다. 뚱뚱했던 지혜는 살이 조금 빠져서 옛날처럼 둔해 보이지도 않았다. 이어달리기 연습도 꾸준히 하고 있었다. 슬슬 자신감도 붙기 시작했다.

"이제 시합할 때 실수만 안 하면 되는데. 그렇지 지혜야?"

"응, 바통만 제대로 전달하고 넘어지지만 않는다면."

"생각하니까 좀 떨린다."

지은이는 지혜의 얼굴을 바라보며 그렇게 말했다.

"뭐 시합도 시합이지만 나 요새 굉장히 기분 좋아. 아마 시합에서도 잘해 나갈 수 있을 것 같아."

지혜는 살이 좀 빠지자 반 친구들이 자신을 대하는 태도가 많이 달라졌다고 했다.

"친구들이 내가 재미있는 이야기를 잘한다고 가까이 많이 몰려들기도 했지만 한편으로는 뚱뚱하다고 싫어했거든. 그런데 요즘은 나를 너무 둔탱이로 보지 않아서 좋아."

"그렇구나. 난 전혀 눈치채지 못했는데."

지은이는 늘 밝고 명랑해 보이던 지혜도 고민이 있었다는 것을 깨달았다. 한참 지혜와 이야기를 나누는데 수선이와 환희가 왔다.

"학교 끝나고 연습하자."

"그래. 지난번보다 훨씬 잘할 수 있을 거야."

지은이는 생긋 웃었다. 학교가 끝나고 운동장에서 연습을 하는데 토토가 구경을 왔다. 토토는 운동장 구석에 높은 나뭇가지에 앉아 아이들이 뛰는 모습을 지켜보고 있었다.

"그 정도면 시합에서도 문제없겠는데."

한참을 연습하다가 잠시 쉬려고 나무 그늘로 왔을 때 토토가 말했다.

"그래, 괜찮은 것 같은데 걱정이 되기도 해. 실수하면 어떻게 해?"

시원한 바람이 한 줄기 불어왔다.

"걱정하지 마. 너희는 스토리를 가진 팀이야."

"스토리를 가진 팀이라고?"

토토는 날갯짓을 가다듬으며 말했다.

"너희는 마법 감옥에 가서 새장에 갇힌 수선이를 구해내기도 했고 수선이 이미지를 바꾸어 주려고 노력했잖아. 그러면서 너희들도 모르는 사이 너희 팀에는 결속력이 생긴 거야."

지은이는 무엇인지 알 수 있을 것 같았다.

"그리고 만일 진다고 해도 그동안 연습하면서 여러 가지 얻은 것도 많잖아."

토토는 살이 빠진 지혜를 유심히 바라보며 이렇게 말했다. 지은이는 생각을 해 보았다. 갯벌에서 진흙범벅이 되면서 뛰어놀 때, 조금씩 산을 걸어 올라갈 때 체력만 키워진 게 아니었다. 즐거운 추억도 함께 생겼다. 조금이라도 달리기를 잘하려고, 몸을 튼튼히 하려고 노력했던 일들이 생각이 났다. 친구들과 연습을 할 때도 마찬가지였다. 달리기 연습을 하면서 땀을 흘리고 같이 아이스크림도 사먹었던 일이 떠올랐다. 체조도 하고 줄넘기도 하던 일들, 그리고 이어달리기 연습을 할 때도 내 바통을 기다리고 있는 앞에 친구에게 제대로 잘 전달하려고 정신을 집중했던 일이 생각났다.

"그런 게 결속력이지."

토토는 지은이의 생각을 읽기라도 했는지 그렇게 말했다. 토토는 나무 그늘에 모인 친구들 하나하나를 의미 깊은 눈으로 둘러보았다.

"너희는 이미 최고의 팀이야."

드디어, 운동회가 열렸다. 엄마, 아빠도 구경을 오셨다. 지은이는 이어달리기 시합만 기다리고 있었다. 그동안 연습한 일들을 떠올리며 지은이는 실수하지 않으려고 마음을 다잡았다.

"조금 있으면 시작이야."

지혜가 지은이에게 다가왔다. 지은이는 알겠다는 듯 고개를 끄덕이고 주먹을 불끈 쥐었다. 수선이와 환희도 다가와서 함께 손을 모으고 구호도 외웠다.

"으샤으샤 우리 팀 잘 한다! 잘 한다!"

힘이 솟아나는 거 같았다. 멀리서 응원하는 엄마, 아빠의 모습이 보였다. 아빠의 머리 꼭대기에 앉은 토토의 모습도 보였다. 지은이는 떨리는 마음으로 출발선에 섰다. 놀라운 일이 벌어졌다. 누구도 실수를 하지 않았다. 지은이도 바통을 제대로 수선이에게 전달할 수 있었고 곧잘 넘어지던 지혜도 아주 잘 달렸다. 달리기를 잘하지만 달리다가 실수로 곧잘 바통을 흘리던 환희도 바통을 놓치지 않고 잘 달렸다. 지

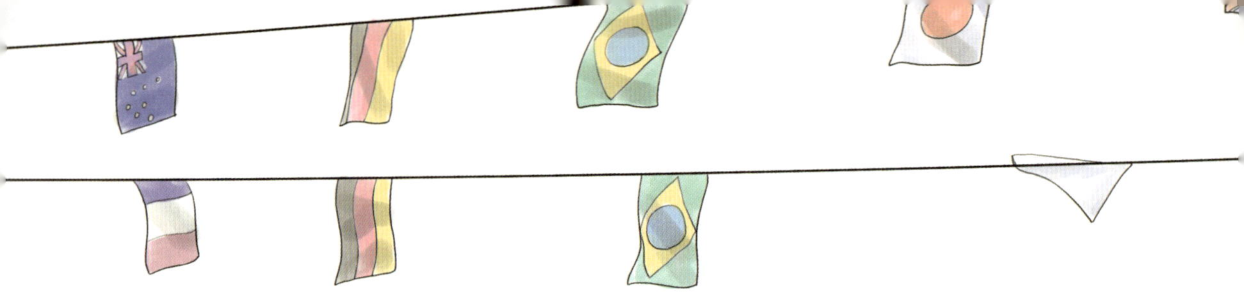

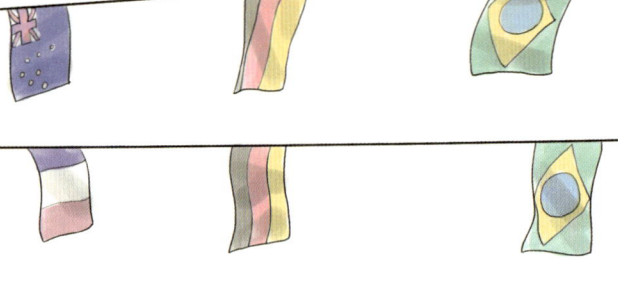

은이네 팀은 4강을 거쳐 결승전까지 올라갔다.
 "이건 정말 대단한걸."
 지은이는 기뻐서 만세라도 부르고 싶었다. 멀리 토토가 여전히 아빠 머리 위에서 날갯짓을 세차게 하고 있었다. 꼭 응원하는 모습 같았다. 주위에 어른들이며 아이들이 토토를 신기한 듯 바라보고 있었다. 지은이는 토토 쪽을 슬쩍 보다가 결승전에 나가려고 신발 끈을 제대로 조였다. 지은이네 팀이 결승까지 올라간 것만 해도 기적 같은 일이었다. 반 친구들은 지은이네 팀을 열심히 응원하고 있었다. 다시 출발선 앞에 섰다. 친구들의 응원소리를 들으며 지은이는 힘차게 내달렸다. 그런데 잘 달리려고 마음이 앞섰던 탓인지 지은이는 그만 넘어지

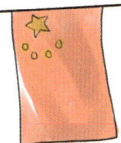
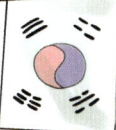

고 말았다. 발이 휘청거리며 중심을 잃는 순간 땅바닥이 지은이 몸을 끌어당기듯 푹 고꾸라지고 말았다. 이제까지 연습하면서 지은이는 바통을 놓친 일은 있어도 한 번도 넘어진 일이 없었다. 결승전까지 올라오는 동안에도 마찬가지였다.

'이렇게 중요한 결승전에서 넘어지다니.'

놀라서 곧 몸을 일으켰다. 하지만 이미 상대팀 선수는 지은이를 지나쳐 앞서 달려 나가고 있었다.

"이런, 지은아 힘내!"

선생님과 친구들의 응원소리가 귓가를 스쳤다. 지은이는 바닥을 짚고 일어섰다. 상대팀 선수의 등이 보였고 지은이는 계속 달렸다. 수선이에게 바통을 전달해 주었다. 이미 바통을 건네받은 상대팀 선수는 반 바퀴나 앞서 달리고 있었다. 수선이가 상대팀 선수를 앞서서 달리

길 원했지만 너무 차이가 벌어져 있었다. 뒤이어 달린 지혜와 환희도 최선을 다했지만 따라잡지 못했다. 결국 지고 말았다.

"나 때문이야. 미안해."

지은이는 얼른 친구들에게 사과를 했다. 미안한 마음에 얼굴도 제대로 들 수가 없었다.

"내가 넘어져서 그랬어. 진짜 미안해."

"무슨 소리야. 그런 실수는 누구나 할 수 있어. 그리고 우리가 결승까지 올라간 것만 해도 대단한 일이잖아."

지혜가 그렇게 이야기 해 주어서 지은이는 마음이 조금 편해졌다. 환희도 웃는 얼굴로 위로해 주었다. 수선이도 화내지 않았다. 오히려 지은이가 넘어져서 다치지 않았는지 걱정해 주었다. 지은이는 결승에서 이기지 못했지만 친구들의 이런 마음이 기뻤다. 오히려 결승전에서 이긴 것보다 기쁜 것 같았다. 왁자지껄한 반 친구들의 우렁찬 함성 속에서 지은이는 조금 아쉬웠지만 생긋 웃을 수 있었다. 멀리 토토도 신이 난 듯 계속 날갯짓을 하고 있었다.

스토리텔링 활용하기 — **친구들 이렇게 해봐**

팀도 스토리를 가지면 더욱 빛나는 거야.

우리 친구들이 공부를 하거나 운동을 할 때 팀을 짜서 하는 일이 종종 생기잖아.
팀 안에는 생각이 다른 친구들이 모여 있기 마련이고, 종종 다투거나 의견 충돌하는 일이 생겨. 그러면 그 팀은 원래 가진 능력을 제대로 발휘할 수가 없게 돼. 하지만 함께하면서 생기는 추억을 즐겁게 기억한다면 이야깃거리가 차곡차곡 쌓일 테고, 이런 팀일수록 팀원들끼리 협동도 잘하고 능력보다 더 많은 힘을 내게 돼.
다른 팀보다 앞서 나가는 능력이 생기게 되는 거야. 지은이네 팀은 아쉽게 결승에서 지고 말았지만 그래도 결승까지 올라갔다는 추억이 생겼고 여전히 스토리를 가진 팀으로 남아 있게 된 거야.
그럼 스토리를 가진 팀과 아닌 팀의 차이점을 알아볼까?

첫째, 스토리를 가진 팀은 다른 팀보다 단합이 잘 되고 능력을 더 발휘하기 쉬워.
즐거운 추억이나 이야깃거리를 가진 팀은 다른 팀보다 동기부여가 잘 돼. 나는 이 팀에 속한 다른 친구들이 마음에 들고 즐거운 추억이 많아. 그러니까 나는 더 열심히 할 거야 이런 마음이 생기지.

둘째, 스토리를 가진 팀은 실패를 하여도 팀원을 비난하거나 외톨이로 만들지 않아. 아무리 스토리를 가진 팀이라도 늘 이길 수만은 없어. 질 때도 있겠지. 그래도 스토리를 가진 팀의 친구들은 실수를 한 친구를 욕하지 않아. 왜냐면 그 친구를 욕하는 것은 곧 그 팀 전체를 욕하는 것과 마찬가지라는 걸 알기 때문이야.

한 친구, 한 친구 모두 각각의 스토리를 가지는 것도 중요한 일이야. 그런데 같은 팀을 이루었을 때도 그 팀을 이끄는 또 다른 스토리가 필요해. 추억거리와 협동하겠다는 하나의 마음이 강력한 스토리가 되고, 그 팀이 앞으로 달려 나가는 데 이것이 바로 커다란 힘이 되는 거야.

아주 특별한 나뭇잎

토토가 반 친구들에게 특별한 선물을 했다. 거센 바람이 일어날 정도로 힘차게 날갯짓을 하여 보라색 깃털을 많이 뽑아내었다. 그리고 깃털과 마법 책을 반 친구 모두에게 선물한 것이다.

"토토, 이렇게 날개깃을 많이 뽑아도 돼?"

지은이가 걱정이 되어 물어볼 정도였다.

"괜찮아. 괜찮아. 나는 마법 앵무새야. 내 깃털은 모두 마법의 힘을 가지고 있어서 빠진 만큼 다시 돋아나."

보라색 깃털과 마법 책을 선물 받은 친구들은 모두 기뻐하였다. 한때는 마법 책을 훔쳐가서 큰 고생을 한 수선이도 얼굴에 가득 웃음을 띠고 있었다.

"이거 진짜 좋다."

그래도 지은이는 걱정이 되었다. 다른 색 깃털들은 마법을 부린 다음 늘 토토에게 다시 돌아갔기 때문이었다. 하나도 아니고 반 친구들 숫자대로 보라색 깃털을 뽑았으니까 당연히 걱정이 되었다. 집으로 돌아와서도 지은이는 내내 토토 걱정을 했다.

"그래도 나는 걱정이 되는걸."

토토는 지은이의 생각을 알겠다는 듯 느릿느릿 말했다.

"사실은 깃털이 돋아나려면 조금 시간도 걸리고 힘이 들기도 해. 하지만 다시 여행을 떠나기 전에 너희 반 친구들에게 선물을 주고 싶었거든."

"여행을 떠난다고?"

지은이는 마음이 조여드는 듯 했다. 토토가 떠난다니 벌써부터 쓸쓸한 기분이었다.

"그래, 다시 세계 곳곳을 여행해야지. 그래야, 지은이 너처럼 좋은 친구를 또 만나지. 여기서 엄청 재미있게 지내서 시간가는 줄 몰랐어."

토토는 지은이의 머리를 가볍게 부리로 톡톡 두들겼다. 지은이는 아무 말도 할 수가 없었다. 토토가 가지 않았으면 했지만 그렇다고 토토를 붙잡아 놓을 수도 없었다.

지은이는 반 친구들에게 토토가 곧 떠난다는 사실을 알려 주었다. 친구들도 쓸쓸한지 모두가 입을 다물고 있었다.

"떠나기 전에 우리가 토토에게 특별한 선물을 해 주자."

한참 만에 지혜가 입을 열었다.

"특별한 선물?"

지은이는 귀가 솔깃했다.

"그래, 우리는 토토에게 많은 걸 배우고 마법 책과 깃털도 선물 받았잖아. 우리도 토토에게 뭔가를 해주자."

좋은 생각이었지만 토토에게 선물할 특별한 것이 떠오르지 않았다. 가진 용돈도 뻔했다. 용돈 가지고 살 수 있는 거라고는 샤프나 필통 정도였다. 그런 걸 준다고 해도 마법 책과 마법 깃털을 만들 수 있는 토토에게 짐만 될 것 같았다.

"뭐 좋은 게 없을까?"

환희도 수선이도 생각에 잠겼다.

"특별한 거라고 해도 비싼 거나 이런 게 아니야. 나는 일본의 행운 사과 이야기를 알고 있는데."

지혜가 입을 열었다.

"일본의 행운 사과?"

"응, 일본의 한 마을에 큰 태풍이 부는 바람에 키우던 사과들이 상처가 많이 나서 제값 받고 팔기가 힘들었대. 그래서 그 마을은 망하게 될 위기에 처했어."

지은이는 침을 꼴깍 삼키며 이야기 듣는 것에 집중했다.

"하지만 그중에 태풍에 떨어지지 않은 사과들은 강한 운을 지닌 사과라고 이야기 하자 그 사과들은 다른 사과들보다 훨씬 비싼데도 마구 팔려나갔대."

"정말?"

"그래, 강한 태풍에도 살아남은 사과를 먹으면 이 사과처럼 강한 의지를 지니게 돼서 어려운 시험에도 붙을 수 있겠구나 이런 생각을 가지게 된 거야."

"우와아, 대단하다."

"그러니까 비싼 선물이 아니더라도 어떤 의미를 담으면 토토가 좋아할 것 같아."

그때부터 지은이와 친구들은 특별한 의미를 담을 수 있는 선물을 찾기 시작했다. 지은이는 좋은 생각이 떠올랐다. 반 친구들 모두에게 그 생각을 이야기하자 모두 기뻐했다. 그 후에 종종 커다란 나무 아래나 풀밭에서 허리를 굽히고 오랫동안 뭔가를 찾는 친구들의 모습을 볼 수 있었다. 그 속에는 지은이의 모습도 있었다.

드디어, 토토가 떠나는 날이 되었다. 수업 끝난 교실에서 환송식을 열어 주기로 했다. 집에서 엄마, 아빠와 함께 이미 한차례 환송식을 열어 주었지만 반 친구들 모두에게 인사하기 위해서였다. 토토가 반 친구들에게 작별인사를 했고 또다시 만날 것을 약속하기도 했다.

"토토 잘 가. 건강해야 해. 꼭 다시 만나자."

친구들도 모두 토토에게 인사를 했다. 그리고 지은이가 커다란 바구니를 들고 토토 앞에 다가갔다.

"토토, 반 친구들 모두 오랫동안 정성을 가득 담아서 네 선물을 준비했어."

바구니 안에는 초록색의 나뭇잎과 네잎 클로버가 가득 들어 있었다. 나뭇잎과 네잎 클로버에는 알록달록한 글씨로 짤막한 글이 적혀 있었다.
'토토 즐거운 여행 돼.'
'토토 그 동안 재미있었어.'
토토는 나뭇잎에 적인 글귀를 계속 보고 있었다.
'토토 마법 책과 깃털 고마워.'
'토토 잊지 않을게.'
토토의 무지갯빛 깃털처럼 고운 색으로 쓰인 글씨들이었다. 행운을 주는 네 잎 클로버에는 한 글자 한 글자 쓰여 있기도 했다.

토토는 눈을 빛내며 그 글자들을 보고 또 보았다. 지은이는 커다랗고 예쁜 나뭇잎을 모으기 위해 친구들과 나무 밑에서 보낸 시간들이

떠올랐다.
그리고 네 잎 클
로버를 골라내기 위해 집
중했던 일도 떠올랐다. 나뭇잎을 깨끗
이 씻고 말리고 토토를 생각하며 정성스
럽게 글자를 쓰던 시간도 생각이 났다. 또 토토와 함께 한 모든 일들
이 떠올랐다. 토토도 글자들을 보면서 추억을 떠올리는 것 같았다.
"와, 진짜 감동했어. 고마워."
한참 동안 글을 보던 토토는 힘차게 날갯짓을 했다. 바람이 불어왔
다. 글씨가 써진 나뭇잎들과 네 잎 클로버가 작은 소용돌이를 일으키
며 날아올랐다. 부드럽고 잔잔한 빛이 나면서 나뭇잎과 클로버는 토
토의 가슴 쪽으로 몰려가기 시작했다. 희미해지면서 안개에 싸이듯
나뭇잎과 클로버가 토토의 가슴 쪽으로 파묻히듯 사라졌다.
"우아, 역시 토토는 대단해."
친구들은 모두 토토의 신기한 마법을 감탄하며 바라보았다.
"너희들의 마음은 모두 내 마음에 간직했어. 여행을 하면서 종종 꺼
내서 보도록 할게."
토토는 눈을 찡긋하며 날아올랐다. 지은이 머리 위로 가깝게 날았
기 때문에 토토의 날개가 지은이의 머리를 한 번 가볍게 스친 것 같았
다. 따스하고 부드러운 느낌이었다. 이제 토토는 교실 창밖으로 훨훨
날갯짓을 하고 있었다. 파란 하늘 위로 토토의 무지갯빛 빛나는 몸이
점점 사라져 가는 것을 지은이는 오랫동안 보고 있었다.

스토리텔링 활용하기 — 친구들 이렇게 해봐

귀를 번쩍 열리게 하고 잔잔한 감동을 불러일으키는 이야기

네 잎 클로버 말이야. 나폴레옹이 네 잎 클로버를 찾아서 허리를 굽힐 때 총알이 쓱 스치고 지나갔대. 그래서 그 이후 네 잎 클로버가 행운을 가져다준다고 사람들은 믿게 되었대. 그리고 세 잎 클로버보다 찾기가 힘들어서 찾는 재미도 있지. 이렇게 특별한 이야기를 갖게 되면 뭔가 달라 보여. 반 친구들이 선물한 나뭇잎들도 마찬가지야. 그냥 나무 밑에 굴러다니고 있으면 보통의 나뭇잎이지만 정성스레 글씨를 쓰니까 특별한 나뭇잎이 되었잖아. 우리 친구들도 특별한 이야기를 가지도록 하자. 주위에서 일어나는 일들을 잘 관찰하고 여러 가지 즐거운 체험과 경험을 쌓으면 돼.
그러면 내 안의 스토리를 풀어낼 때에는 어떻게 해야 할까?

첫째, 어려운 이야기보다는 친근하고 잘 아는 이야기로 시작하자.
누구나 복잡하고 어려운 이야기는 싫어해. 스토리텔링을 잘 하려면 친근한 이야기로 시작하는 게 좋아. 생활하면서 벌어지는 이야기들, 경험들, 이런 이야기가 더 환영받는 거야. 투닥투닥 친구랑 다툰 이야기도 좋고 생일 때 벌어진 이야기도 좋아. 늘 벌어지는 친근한 이야기가 곧 특별한 이야기가 되는 거야.

둘째, 내 이야기를 기억할 수 있도록 여운을 주는 감동적인 이야기를 하자.
오래도록 기억에 남는 이야기가 있고 금세 잊어버리는 이야기가 있지. 스토리에 감동이 있느냐 없느냐에 따라서 달라져. 친근한 이야기지만 다른 사람을 생각하는 마음과 노력이 담겨 있으면 감동이 생겨. 여운이 있고 감동적인 이야기는 지은이네 반 친구들이 준 선물처럼 마음속에 오래도록 남아 있게 돼.

일본의 행운 사과를 기억해 두자. 스토리를 가지지 않았으면 그저 태풍을 맞아 상처 나고 팔리기 어려운 사과였겠지. 하지만 사과가 스토리를 가지자 특별한 사과가 되었어. 이게 바로 스토리가 가진 힘이야. 마법 같지?
우리 친구들에게도 이런 신비한 마법의 힘이 생기기를 바랄게.
〈스토리를 가진 친구가 되길. 토토가〉